东北大学百年校庆丛书
**1923 - 2023**

# 百年东大体育

主编　陈　松　孙玉宁

东北大学出版社

ⓒ 陈 松 孙玉宁 2023

**图书在版编目（CIP）数据**

百年东大体育 / 陈松，孙玉宁主编． — 沈阳：东
北大学出版社，2023.11
ISBN 978-7-5517-3458-5

Ⅰ．①百… Ⅱ．①陈… ②孙… Ⅲ．①东北大学—体
育事业—1923-2023 Ⅳ．①G812.731.1

中国国家版本馆 CIP 数据核字（2023）第 249592 号

出 版 者：东北大学出版社
　　　　　地址：沈阳市和平区文化路三号巷 11 号
　　　　　邮编：110819
　　　　　电话：024-83683655（总编室）　83687331（营销部）
　　　　　传真：024-83687332（总编室）　83680180（营销部）
　　　　　网址：http://www.neupress.com
　　　　　E-mail: neuph@neupress.com
印 刷 者：辽宁新华印务有限公司
发 行 者：东北大学出版社
幅面尺寸：170 mm×240 mm
印　　张：12.75
字　　数：240千字
出版时间：2023年11月第1版
印刷时间：2023年11月第1次印刷
责任编辑：张德喜　潘佳宁
责任校对：杨　坤
封面设计：潘正一

ISBN 978-7-5517-3458-5　　　　　　　定　价：98.00元

# 东北大学庆祝建校一百周年
# 丛书编委会

# 《百年东大体育》
# 编委会

# 总序

习近平总书记在文化传承发展座谈会上强调，在新的起点上继续推动文化繁荣、建设文化强国、建设中华民族现代文明，是我们在新时代新的文化使命。要坚定文化自信、担当使命、奋发有为，共同努力创造属于我们这个时代的新文化，建设中华民族现代文明。

大学文化，是大学在长期的办学实践中，经过代代学人的不懈追求、沧桑历史的传承积淀，涵育出的一种独特的文化形式，体现着一所大学的发展历程和学术传统，凸显着一所大学的思想理念和精神气质，它是大学的血脉根基，是大学的灵魂所在。古今中外的一流学府，无一不是在其所处的时代背景下塑造并形成自身的精神文化，以探索未来新知，引领文明之进步、社会之发展。在全面推进中国特色、世界一流大学建设，全面建设社会主义文化强国，实现中华民族伟大复兴的大背景下，中国大学应有做文化引领者的担当，中华文明呼唤有灵魂的大学。

东北大学创建于1923年，至今已有一百年的历史。一百年来，一代代东大人书写了坚守初心使命、矢志育才报国的奋斗史创业史，形成了"爱国爱校、严谨治学"的光荣传统、"献身、求实、团结、创新"的优良校风、"自强不息、知行合一"的校训精神和"实干、报国、创新、卓越"的文化品格。这是百年东大砥砺奋进的"精神密码"，是全体东大人接续奋斗的"价值坐标"，是东大历百年而常新的力量之源。正是凭借着这种强大的文化和精神力量，百年东大在上下求索中回答时代之问、勇担时代之责，谱写了与国家同呼吸、与民族共命运、与时代相偕行的壮丽篇章。

"求木之长者，必固其根本。"东北大学一百年波澜壮阔的历史，是一座宝贵的精神和文化宝库，学校发展、变革的文化脉络和历史进程，既是东大自身记录历史、面向未来的宝贵参照，也是中国近现代史中的教育缩影。为此，我们满怀珍重与敬意开展东北大学百年校庆系列丛书编写工作，以期将一个真实、鲜活、厚重、坚韧的东大用文字与图像的形式呈现在读者面前。

在关心和支持东北大学发展的师生、校友共同努力下，在为丛书编辑出版过程中发挥重要作用、作出积极贡献的专家学者指导帮助下，东北大学百年校庆系列丛书共计10本出版发行。这套丛书文脉清晰、内容丰富、事例翔实、图文并茂，既有对东北大学文化内涵的系统阐释，又有百年办学实践中具有典型性、代表性的人物故事；既有东大早期办学救国的珍贵史料，又有新时代东大立德树人、科技报国的生动纪实；既有校园中东大师生的活跃风采，又有海内外校友对母校的深情眷恋；既有对楼馆风物的抒情描摹，又有今日校园的如画风景。这套丛书的出版，是对东大百年文化的挖掘凝练，是对东大百年办学实践的梳理总结，是将作为思想结晶的文化藏于器、寓于形的实践创造，具有深远的历史意义和文化价值。

人类伟大的精神之花，必将结出丰硕的文明之果。一所大学之精神文化，在缔造辉煌成就的同时，也必定成为支撑其前行的不竭动力。站在建校百年的历史节点，我们回望过去，将历史化身纸书，将文化刊刻梓行，旨在继承和吸纳中进步，在传承和创新中发展。唯有如此，才能使东北大学的精神与文化超越时空，展现出永恒的魅力和风采；才能肩负起一所大学的时代责任和历史使命，在新时代新征程上，为建设教育强国、为以中国式现代化全面推进中华民族伟大复兴作出新的更大贡献。

百年东大，风华正茂；百年东大，文化日新。东北大学再上征程，朝着下一个百年的宏图愿景砥砺前行。

丛书编委会

2023年7月

# 前言

东北大学是一所具有爱国主义光荣传统的大学，同时也是一所具有良好体育运动传统的体育强校，历史上的这里，灿烂辉煌。在张学良将军任东大校长时，倡导"强国必强种，强种必强身"的体育指导思想，他大力提倡"智、德、体、美、群五育并重，全面发展"的教育方针，积极开展体育教育，大力筹建体育设施，提倡"健身强国，抵御外辱"。1929年，东北大学成立体育专修科。当时，东大有教授三百，其中不乏国内外体育名流；三千学子中不乏体育精英。1932年，张学良校长亲自倡导、亲自组织、亲自资助，由东大学生刘长春、教授宋君复等组成体育代表团，参加在美国洛杉矶举办的第十届奥林匹克运动会，开创了中国参与奥运的历史先河，推动了我国近代体育事业的发展，历史证明，"中国奥运，根在东大"。因此东北大学体育史具有较强的科考意义。

回顾历史，展望未来，伴随着东北大学的百年发展，东北大学的百年体育呈现出一幅壮丽的画卷。学校始终坚守立德树人初心、为党育人为国育才使命，着力培养担当民族复兴大任的时代新人，培养了以刘长春为代表的一大批体育名人以及海内外知名校友。在新的历史阶段，体育部将始终坚持体教结合、育人为本、崇德践行、惟实砺新的教育观念，落实"教会、勤练、常赛"一体化推进，五育并举，协同育人，深挖东北大学优良体育基因，续写东北大学体育辉煌。

百年东大，百年传承，为继续发扬"自强不息，知行合一"的东大人精神，特写此书献礼东北大学百年校庆。本书基于《东北大学体育八十年》的内容，回顾东北大学体育事业发展历史，通过对文献及相关历史图片信息的收集查阅，对近二十年的发展做出补充。充分梳理东北大学体育发展脉络，将东大百年体育分别从历史沿革、教学发展情况、科研发展情况、体育代表队所获荣誉、承办大型体育活动等方面进行撰写。虽然全体编委日夜兼程，倾心倾力，但由于时间紧迫，定有不周、欠妥之处，恳请各界有识之土斧正。

**《百年东大体育》编委会**

# 目录

## 第四部分　执裁情况

## 第五部分　荣　誉

## 第六部分　大事记

# 第一部分
## 历史沿革

# 第一章　东北大学是体育强校

　　东北大学是一所具有爱国主义光荣传统的大学，同时是一所具有良好体育运动传统的体育强校。张学良掌校时期，东北大学体育堪称全国第一。

　　1928年，主政东北的张学良一边号召学界注重体育，一边坚持"强国强种"。8月，他担任东北大学校长，仅在1个月时间里，便把体育教育列入重要议事日程，他倡导"智、德、体、群、美五育并重，全面发展"的教育方针。东北大学体育教育培养的"完全之体育人才"多次与国内外体育劲旅对阵，以崭新的精神面貌振兴了东北体育、振奋了中华民族精神。"健身强国、抵制外侮""倡导体育的最大目的是在造成民族的生力""造成一个健康而有生力的民族"，这是张学良发展体育教育的根本目的。

　　1928年9月14日，张学良在对东北大学学生的训词中明确提到："我很希望本校关于体育方面要特别注意，然后用健全之身体，好求精妙之学问。所以，体育是不可忽视的……"张学良抓体育教育有独道之处，不仅身体力行，而且措施得当。他捐巨资，在校园内修建宏伟壮观的体育场，成立体育专修科，高薪聘请国内外体育名师，招收有体育专长的学生，成立高水平的体育运动队，组建体育运动委员会，褒奖运动锦标，激励广大青年学生积极参加体育运动。实践证明，张学良倡导体育教育，使东北大学学生受益匪浅。在国难当头之际，东大以异军突起之势，一举成为国内体育强校，以一次又一次的体育胜利，扬校威、振国威，振奋民族精神，激发爱国热情。

　　1930年，以东北大学学生为主的辽宁队以49分的成绩名列第四届全国运动会总分第一名后，全校立即举行欢庆大会，庆祝首次甩掉"关东体育白帽子"。1932年7月1日，张学良在东北大学第四届毕业典礼暨体育专修科第一届毕业典礼上，决定派团参加第十届奥林匹克运动会。由东北大学师生组成的体育代表团成为中国参加奥运第一团；东大学生刘长春成为中国参加奥运第一人；东大体育教练宋君复成为中国参加奥运第一教练。这是东大九一八流亡后体育爱国的最好见证，在反对日本帝国主义的侵略中，无疑起到了不可估量的作用。

东北大学校长张学良（图为1928年任东北讲武堂监督时的张学良）

1923年，东北大学在奉天（今沈阳）成立。1928年，张学良出任东北大学校长。1936年，震惊中外的西安事变发生后，张学良被蒋介石软禁，从此，与东北大学失去联系，长达57年之久。在张学良老校长的支持下，1993年，东北工学院恢复东北大学校名，张学良欣然出任东北大学名誉校长、东北大学校董会名誉主席。

张学良在1930年就提出了关于"注重体育以健全国民体格、发扬民族精神"的八条建议：

① 强迫小学教育；

② 造就体育教师人才；

③ 提倡平民教育；

④ 奖励各项运动；

⑤ 各地政府应尽力帮助体育事业，如自动设置体育场，争求各项运动优胜纪录，加强奖励及对于从事体育事业之个人或团体予以便利；

⑥ 注重工商各界及公务机关工作人员于业务之外，均有相当之时间从事

运动；

⑦宣传体育之重要，改正人民对于身体美的观念；

⑧禁止早婚。

关于体育教育，张学良曾提出过很多重要观点：

我今天所欲与诸位说的，首先是提倡体育。说起来，中国的教育界，大多数不肯注意体育，所以学生多失于软弱。我很希望本校关于体育方面要特别注意，然后用健全之身体，好求精妙之学问。

《对东北大学学生的训词》，1928年9月14日

我们深知运动的最大目的在倡导体育，而不是只在个人或少数人出风头。倡导体育的最大目的是在造成复兴民族的生力，而不是在奖励体育上畸形的发展。在过去，一般倡导体育的人士，是多半注意到青年学生的体育训练，而一般青年学生也多半是在学校里对于体育的兴趣特别浓厚，离开学校之后，每和运动绝缘，忽视了自身的健康，这种现象是必须力加纠正的。我们应确认国民体育必谋绝对普遍的发展，而在每一个国民的人生过程中，都须永远注重体育的讲求，那才能造成一个健康而有生气的民族。

《提倡体育的意义》，1934年10月28日

我父亲死后留下很多遗产，留下很多钱，我把这些钱差不多都捐出来了。建设东北大学是我自己拿的钱，还有教育经费，都是我私人拿的钱。我为什么要那样做呢？那时，我的脑子里想：一个国家要强，主要靠造就人才。教育为基本。

《接见日本广播协会电视台记者的谈话》，1990年6月8日

1929年，张学良同意把体育场建在校园内的建议后，捐私款26万银元，指定工学院院长高惜冰、法学院院长臧启芳、体育教师孟玉昆共同研究办理。责成建筑委员长关颂声设计。关颂声借鉴奥林匹克运动会的竞技场图形，体育场按罗马式设计，整体为马蹄形。场内设置200米直道8条，500米圈跑道8条，一个标准足球场，看台上设有1万个座席，按"天、地、玄、黄、宇、宙、洪、荒"的方位修建8个门。看台下设有浴池、休息室、仓库等，这是中国历史上第一座现代化体育场，被冠以"中国之最、亚洲之冠"的美誉，它的建成为东北大学体育事业带来了无限的生机。

东北大学体育场外景

东北大学体育场看台

东北大学体育场

张学良校长经常在理工大楼旁打网球

1930年，张学良校长在校园参加学生球赛

张学良校长（中）与运动员、裁判员交谈

张学良校长和儿子们在游泳

文法学院学生自治会体育部

理工学院体育部

教育学院体育委员会

理工学院全体运动员

理工学院足球队

东北大学建校初期的体育运动会

# 第二章　东北大学体育代表队

　　1928年，张学良资助组建的东北大学足球队、篮球队、网球队、田径队，在国内外大型体育比赛中，屡战劲旅。1929年1月，在张学良资助下，东北大学足球队、篮球队第一次到日本比赛，闯东京、赴大阪、战京都，积极参与国际体育交流，东北大学体育运动队以异军突起之势，扬名海外，使日本体育界极为震惊。

1928年，东大足球队、篮球队、田径队全体队员参加吉、黑、奉运动会合影

1928年，东北大学足球队、篮球队全体队员在大连同日本队比赛后合影

东北大学篮球队是一支非常活跃的体育队伍。1929年1月，远征日本，取得3胜1负的战绩。

1931年1月，在东北大学"五虎"篮球队，即麻秉钧、赵凌志、田新厚、苑廷瑞、庞英五位学子，战胜劲旅冯庸大学篮球队后，张学良决定拉队伍到上海，与久霸上海篮坛的美国军舰"麦令斯"号水兵队——号称"海贼队"——决一雌雄，结果东北大学以37：21大胜8个球。虽然只赢了一场球，却使长期憋气在胸的上海民众欢欣鼓舞。他们把东大学生团团围住，然后又高高抛起，高喊着："打得好！打出了中国人的脸面。"上海各大报纸都以特大新闻报道比赛实况，盛赞"东北大学篮球队大快人心，乐得1800名球迷心花怒放、手舞足蹈。""长我中华民族志气！"张学良得知胜利消息后，立即发电祝贺。电文是：东大健儿，为国增光，雪我"东亚病夫"之耻辱，弘扬中华民族之精神。

1928年10月，东北大学篮球队荣获吉、黑、奉篮球锦标后，在南校合影

右起：高惜冰、孙国封、马惠吾

左起：崔惟吾、周天放、臧启芳

中间拿球者为张学良的女婿陶鹏飞

1928年12月，东北大学篮球队与日本早稻田大学篮球队比赛前留影

1929年1月，东北大学足球队远征日本获2胜2平1负战绩后，在住地同泽俱乐部前留影

1934年，东北大学足球队南征武汉留影

后排左起：胡安善、于葆廉、马世昌、田新元、麼向钧、孙广深、郭孝汾
中排左起：李春元、王长颖、张志镛、王宗义、高造都、江荣生
前排左起：张禹昌、康德一、谭福祯、张学尧、张学瞬、吴融合、康绍凯

（其中，谭福祯入选中国足球队，代表中国到德国参加世界足球预选赛。）

东大的各项体育代表队中，进步最快、成绩最突出的当属田径队，在第十四届华北运动会、第四届全国运动会上的成绩就是最好的证明。

第十四届华北运动会优胜纪念

**1929 年，东北大学在大连第八次运动会中的成绩**

| 项目 | 姓名 | 东大纪录 | 远东纪录 | 备考 |
|------|------|----------|----------|------|
| 100m | 刘长春 | 10″7 | 10″7 | |
| 200m | 刘长春 | 21″6 | 22″ | 远东新纪录 |
| 400m | 刘长春 | 50″6 | | |
| 跳高 | 付宝瑞 | 1.83m | 1.93m | |
| 五项全能 | 张龄佳 | 2450 分 | 2542 分 | |
| 10000m | 赵德新 | 34′33″5 | 34″56″10 | 远东新纪录 |

注：当年世界 100m 纪录为 10″3，200m 纪录为 21″。

# 第三章　东北大学成为中国 参加奥运第一校

　　1931年，九一八事变爆发，东北大学流亡北平。当张学良校长得知国民党政府以缺乏资金为由，不参加奥林匹克运动会后，为了粉碎日寇派运动员参赛的阴谋，于1932年7月1日，在东北大学第四届毕业典礼暨体育专修科第一届毕业典礼上，亲自宣布刘长春和于希渭为运动员，宋君复为教练兼翻译，组成中国体育代表团，代表中国参加在美国洛杉矶举办的第十届奥林匹克运动

张学良校长在北平官邸接见即将参加第十届奥运会的刘长春、宋君复

（左起：东北大学体育教练宋君复、学生刘长春、秘书长宁恩承、校长张学良，

右二为体育专修科主任郝更生）

会。为了保证顺利出行，张学良慨捐 8000 银元作为参赛经费。由此，张学良开创了中国参加奥运之先河。刘长春是中国参加奥运第一人，宋君复是中国参加奥运第一教练，东北大学组建的体育代表团是中国参加奥运第一团，东北大学成为中国参加奥运第一校。

1932 年 7 月 2 日中午，在刘长春、宋君复离开北平去上海之前，北平市市长周大文为他们饯行。席间，周大文致词说："刘先生代表中国出席奥运会，开我国走向世界体坛之先河，足为中国争光，也是北平市的光荣。敝人作为市长，深感荣幸，张主任（指北平绥靖主任张学良）亲派刘先生出国，又解囊重金相助，敝人谨备薄酒相请，菲仪相赠！"话毕，他把准备好的一套西服和礼品赠送给了刘长春。

刘长春（右）与我国优秀运动员于希渭（800 米健将）（中）在一起

与刘长春同被选派的中国体育团代表还有于希渭。在张学良公布名单以后，东北大学立即派学校跳高名将付宝瑞秘密到大连，计划找到于希渭以后，共同直接由大连赴沪，然后与刘长春同行出国。这时的于希渭正以"养病"为由，拒绝充当伪满洲国代表，在家中休息。但最终由于日寇派人实行监视，以致公开阻拦出行，使于希渭未能如愿成行。

为了确保刘长春顺利赴美，避开日寇、伪满洲国派人阻挠暗算，东北大学决定刘长春迅速离京去沪。东北大学体育专修科主任郝更生教授主动提出，为了确保刘长春安全抵沪，愿意偕夫人陪送。于是，刘长春在郝更生夫妇的陪同下，悄然乘火车南下上海。1932 年 7 月 3 日，当北平的报纸披露"刘长春不日将赴沪"的消息时，刘长春和宋君复已经在赴沪的途中了。

1932年7月，《大公报》《申报》等各大报纸纷纷刊登专访东北大学体育专修科主任郝更生的文章

刘长春一到上海，立即成为各界瞩目的人物，在沪四天里，应酬无虚日。4日下午，他到中华体育场练习时，围观的群众越聚越多；一回到下榻处，来访的客人应接不暇。5日下午，青年会在八仙桥九楼招待各报记者，由郝更生介绍中国首次派代表参加奥运会的经过，

1932年，刘长春在上海中华体育场练习起跑

报纸刊登宋君复、刘长春赴美文章

并由刘长春答记者问。6日下午，上海市新闻界于四川路邓脱摩饭店举行宴会。7日晚，由中华全国体育协进会主持，上海24个团体近2000人于东亚饭店举行盛大招待会，为刘长春、宋君复送行。

7月8日上午，上海新关码头被数千名送行的民众挤得水泄不通。9时半，刘长春由郝更生、宋君复陪同到达码头。在码头上等待欢送的人群顿时活跃起来。人们高呼"祝刘长春安全抵美！""祝君一路顺风！"中华全国体育协进会主席王正廷走上码头浮

桥，举行授旗仪式。他仪态庄重，面对刘长春训谕："我国首次派君参加世界运动大会，为开国以来第一次，实含无穷之意义。今以至诚之心，代表中华全国体育协进会授旗予君，愿君用其奋斗精神，发扬于洛杉矶奥林匹克运动会中，使中国国旗飘舞于世界各国之前，乃无上光荣也！"刘长春肃立、受旗，然后作答词："我此次出席奥运会，受全国同胞之瞩托，深感使命之重大。我当尽本能，在大会中努力奋斗！"在热烈的掌声与欢呼声中，刘长春和宋君复走上美国邮轮"威尔逊总统号"，送行的群众目不转睛地注视着他们，在短暂的时间里，各界代表和新闻记者轮流登船祝愿。10时整，汽笛长鸣，轮船离岸。至此，中华民族参加奥运会第一团满载着中华民族的希望，向奥运会进军了。

在美国邮轮"威尔逊总统号"启航前，刘长春、宋君复向欢送的群众行注目礼

　　邮轮到达旧金山港口时，刘长春走出船舱，便看到黑压压的人头攒动，最先走过来与他握手的是华侨商会常委邝炳舜和中国领事馆副领事。经过港湾区和市场街时，沿途的千余名华侨手舞着鲜花，欢迎来自祖国的代表。来到旧金山市政厅，市长亲自迎送，市长对刘长春表示了十分友好的情谊，他说：刘先生是中国的代表，也是我们美国尊贵的客人，我代表全市美国民众向您赠送"钥匙"礼。

报纸报道刘长春赴美的文章

　　7月29日下午4时，邮轮经过21天的航行，终于驶进洛杉矶港湾。奥委会负责人向刘长春表示热烈欢迎。先期到达美国参加第十届奥运会的上海圣约翰大学校长、中华全国体育协进会总干事、国际奥

林匹克委员会委员沈嗣良，中国著名体育教授申国权及夫人，中国留学生刘雪松和数百名华侨也前来欢迎。

刘长春一走出码头，就被让进插有中美两国国旗的大轿车里，轿车前后、左右两侧，由美国警察驾驶摩托车护送，车队足有两三百米长，车队畅通无阻，行人车马为之驻足，气派非凡。当地华人在唐人街举行了空前的欢迎仪式，全街华侨扶老携幼，夹道欢迎，鞭炮锣鼓、汽车喇叭惊天动地。当晚，刘长春和宋君复进驻奥林匹克村后，中国国旗高高飘扬。

7月30日午后2时，洛杉矶运动场上，37个国家的千余名选手在由500人组成的大乐队为前导的鼓乐声中，各国依照国名第一个英文字母的先后顺序排列，中国队列居第八位。

当美国副总统柯蒂斯宣布第十届奥林匹克运动会正式开幕后，中国唯一选手刘长春高擎国旗在前，后面紧跟着临时组成的代表团，成员是：中国总代表沈嗣良，东北大学体育教授宋君复，曾在东北大学任教的著名体育教授申国权，留美学生代表刘雪松，上海西青体育干事、美国人托平。

第十届奥运会开幕式，中国代表团通过司令台，图中举国名旗者为美国特派员，
执国旗者为刘长春，后为中华全国体育协进会总干事沈嗣良，
次后四人：自左起为申国权、宋君复、刘雪松、托平

报纸报道中国参加第十届奥林匹克运动会的文章（一）

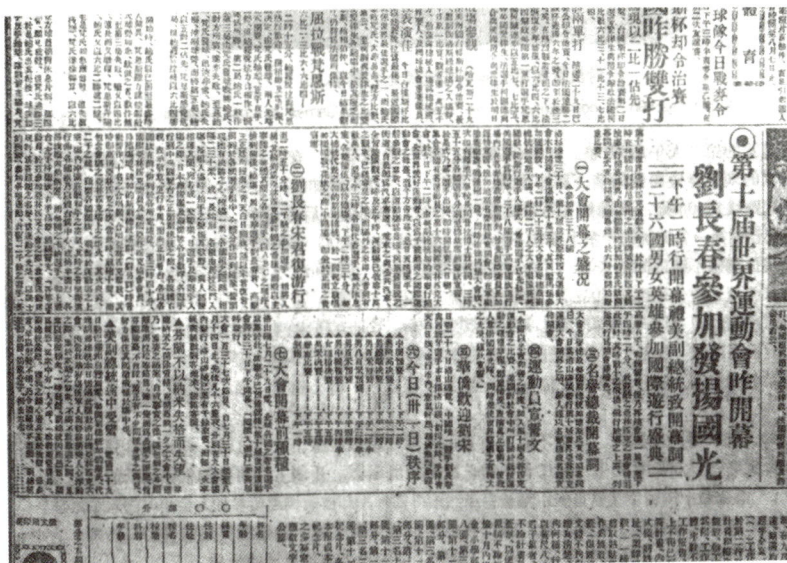

报纸报道中国参加第十届奥林匹克运动会的文章（二）

举行开幕式的第二天午后3时整，100米预赛第二组的6名运动员，在各自的起跑线上俯首垂臂。枪响后，第二道次的刘长春像离弦的箭，猛冲出去，"好！""刘长春加油！"观众席上传出华侨应援团的呐喊声，从起跑线到60米处，疾驰如飞的刘长春一直领先。70米处，后者追平；80米处，后来者居先；到终点时，刘长春被第一名美国选手星卜森落下3米多，已经是第五位了。预

刘长春在洛杉矶奥运会赛场上

赛取前三名，刘长春落选。赛毕，发令员和检察员疑惑不解地问刘长春："前50米跑得那么出众，后50米怎么相差那么大？"当得知刘长春近一个月舟行劳顿又缺少训练等原因后，都惋惜地说："可惜！可惜！"

200米预赛开始后，刘长春在第三组，从起跑线到170米，刘长春紧随美国运动员拉·梅特卡夫之后，居第二位，应援团助威"加油！"之声迭起，刘长春尽管拼力奔跑，终因体力不支，在最后30米被两人赶过一步，结果名列第四。拉·梅特卡夫抢在刘长春之前3米撞线，获得小组第一名，刘长春在第二项预赛中再次落选。

回到住处，刘长春两腿酸软，茶饭不思，内心充满有负国人重托的歉疚之感。就在这时，刘长春接到了从华盛顿发来的一封贺电："刘长春先生：你代表中国首次参加奥运会，开创了我国参加世界运动的新纪元，你虽败犹荣。"落款是中国留学生监督张。刘长春虽然未得锦标，却被破例邀请参加大会举办的冠军聚餐会，会上，各国冠军向刘长春表示了欢迎之意。刘长春虽然没有得到奖牌，但他的奥运精神有口皆碑，为中国赢得了比参加比赛更成功、更可贵的胜利。从此，结束了中国无人参加奥运的历史。

张学良校长赠给刘长春参加奥运会的皮箱，现存放在大连现代博物馆

刘长春使用过的秒表

新中国成立以后，刘长春先后在东北大学、东北师范大学任教，1950年9月，调回故乡大连，在大连工学院任教。在教育岗位上，辛勤耕耘，为我国的体育运动和教育事业贡献毕生的精力，并荣获崇高荣誉。

1959年，在北京举行的中华人民共和国第一届运动会闭幕后的国庆招待晚会上，刘长春代表全体运动员、裁判员向毛泽东主席敬酒。先后担任第一届、第二届全国运动会的副总裁判长。

1975年，刘长春应邀出席了由邓小平主持的、以周恩来总理名义举办的国庆招待会。他先后担任全国第五届政协委员、中国奥林匹克委员会副主席、中华体育总会常委、中国田径协会副主席、辽宁省政协常委、辽宁省体育学会副理事长等职。

1964年，刘长春教授在全国少年田径运动会上担任总裁判

1980年，刘长春教授与东北工学院运动员、教练员合影

1981年，刘长春教授接见由澳大利亚奥委会主席率领的体育代表团

# 第四章　东北工学院时期
# 体育活动蓬勃发展

　　东北大学虽几经变迁，在新中国成立后的沈阳工学院、东北工学院时期，仍然保持了发展体育运动的优良传统。1949年，沈阳工学院成立了体育教学机构——体育股；1951年5月，东北工学院成立了体育运动委员会；1984年，由冶金工业部批准，东北工学院成立了体育部，系级建制，隶属院长直接领导。

　　学校体育设施不断发展完善。1949年在铁西校址建立了一座面积为1290m²的风雨操场；1957年，在南湖校址新建3350m²的体育馆；1954年，在学生一宿舍东侧建有冶金大操场；以后，陆续建成两块拥有400m标准跑道的田径场。（一块是1957年建成的炉灰渣跑道的田径场，1987年被改建成封闭型的火山灰跑道，为四周设有看台的标准田径运动场，可容纳1.35万人；另一块是炉灰渣跑道的田径场，这是东北工学院1955年毕业生特意为母校修建留作纪念的，故称"五五运动场"，这两块田径场同时兼作足球场。）同时，冶金学馆和采矿学馆中间地带的运动场，春、夏、秋季节可以踢足球，冬天可以做滑冰场使用。

　　1952年，学生一、二、三、四、五、六宿舍建成以后，学校先后设立60多块土地面篮球、排球场地；从1981年起，仅用2年时间，就改建成24块沥青面篮球场、12块沥青面排球场，学校开展体育设施场地总面积达到13万m²。与此同时，学校的体育教师队伍也由建院初期的5人增加到1987年的46人；1986年，学校开始尝试实行双语教学。当时，东北工学院国家级裁判员达到13人次，各项一级裁判员26人次。东北工学院体育教师荣获等级裁判员称号数量之多、项目之全、级别之高，在全国高等院校中名列前茅。学校体育运动水平相应提高，其中刘桂英、于桂兰的自行车，张连枝的马拉松均荣获"国家运动健将"称号；王冠图等100余人被授予"国家一级运动员"称号。

1951年，东北工学院举行教工第一届体育大会

1954年，东北工学院学生李百鹏在全国13城市学生田径、体操运动会上，
获得男子跳高第一名

1954年，东北工学院举行第四届体育大会

1958年，东北工学院护士刘桂英（前排中）获自行车"运动健将"称号

1964年，以东北工学院教练员、运动员为主的沈阳女篮代表队

1975年时的东北工学院田径代表队

1975年，在沈阳市高校速滑比赛中，东北工学院取得学生男子、女子团体总分第一名

1976年，在东北地区大学生冰球联赛中，东北工学院学生冰球队荣获冠军

1979年，东北工学院体育部教职员合影

世界竞走冠军徐永久（右一）、阎红（右二）来东北工学院作报告

1982年9月，王永祥老师（32岁）打破保持
23年之久的东北工学院男子100m纪录

1985年，王永祥在北京体育学院与
国家体育总局副局长李富荣合影

1986年6月，在辽宁省大学生田径选拔赛中，
东北工学院学生苏国琴获女子7项全能第一名，并打破全国大学生运动会纪录

1986年，陆钟武院长（中）、刘荣富教练（左）、曹学善主任（右）
与东北工学院男子健美队合影

1989年，东北工学院党委书记费寿林在第二十八届田径运动会上参加比赛

陆钟武院长在东北工学院第二十八届田径运动会上参加比赛

副院长王师在东北工学院第二十八届田径运动会上参加比赛

副院长刘之洋（后）在东北工学院第二十八届田径运动会上参加长跑比赛

# 第五章　新东大、新体育

近几十年来，学校体育事业欣欣向荣，体育学科建设得到长足发展。

目前，体育部是东北大学直属学院级的教学单位，承担全校本科生的公共体育课、人文选修课及体育专业本科生、研究生的教学和管理，同时负责全校群众体育课外活动和体育科研工作。

体育部下设大球教研中心、小球教研中心、冰水教研中心、综合教研中心、研究生教研中心、社会体育指导与管理教研中心、课外活动组和综合办公室。

现有教职工58人，其中专任教师50人、专职管理干部8人。教授5人、副教授21人、讲师22人、助教2人，兼职教授2人，硕士生导师18人，具有博士学位教师8人。多位教师在国内外学术团体（机构）中担任职务，先后承担和完成多项国家级、省部级研究课题。现有国际级裁判12人10项，国家级裁判49人27项；6名教师参与执裁2008年北京奥运会和残奥会，11名教师参与执裁2022年北京冬奥会和冬残奥会，4名教师参与执裁2010年广州亚运会。

体育部现有一级学科体育学硕士点1个，全日制专业学位体育教学硕士点1个，社会体育本科生专业1个，运动训练本科生专业1个。在教学过程中建成了一系列精品课程，现有中国大学MOOC（慕课）国家精品课程在线学习平台慕课16门，辽宁省一流课程7门，校级线上线下混合式教学试点课程26门，校级精品骨干课8门。其中，滑冰课被评为国家级精品课。

现有体育代表队：男子篮球队、橄榄球队、田径队、羽毛球队、健美操队、啦啦操队、轮滑队、冰球队。东北大学各项目代表队在国家、省内和沈阳市的一系列重大比赛中获得了优异的成绩。

在新的历史阶段，体育部将始终坚持体教结合、育人为本、崇德践行、惟实砺新的教育观念，落实"教会、勤练、常赛"一体化推进，五育并举，协同育人，深挖东北大学优良体育基因，续写东北大学体育辉煌。

1997—1999年，东北大学男子篮球队获辽宁省高校篮球赛"三连冠"

2001年11月，"十五"全国学校体育卫生科研课题工作会议在东北大学召开

东北大学首批社会体育专业学生

陈松（右一）在世界杯速滑项目执裁时与国际滑联技术官员合影

陈松参加在哈萨克斯坦举办的世界大学生冬季运动会

2019年，部分硕士生导师参加全国体育硕士导师研修班
（左起：孙玉宁、金刚、逯明智、陈松、梁青、回军、赵崇乐）

陈松参加中美高校体育论坛

陈松（左一）、任可（右一）参加第三届中美高校体育论坛时与美方工作人员合影

东北大学客座教授李永波聘任仪式在刘长春体育馆会议室举行
（从左起：孙玉宁、孙雷、李永波、张凤都、陈松）

杨鸣（左四）与陈松教授（左五）、杜成林副教授（右四）及高水平男篮队员合影

东北大学首届"刘长春杯"校园冰上趣味运动会开幕式

（左起：毛羽鹏、陈松、孙玉宁）

东北大学首届"刘长春杯"迷你马拉松（接力）赛举行

东北大学"刘长春杯"首届校园篮球联赛开赛

东北大学篮球队荣获第二届中国大学生男子篮球超级联赛冠军

东北大学高水平男子篮球队荣获第22届CUBA中国大学生篮球联赛辽宁赛区冠军，
教练员杜成林（右四）、马增玉（左三）

东北大学田径队参加2018年中国大学生校园路跑接力赛，
教练员王景利（后排右三）、领队孙玉宁（后排右二）与参赛队员合影留念

第28届世界大学生冬季运动会开幕式上，
领队陈松（二排左三）、教练逯明智（二排左二）与学生合影

2018年冰雪进校园活动在东北大学五四体育场顺利举办

第29届世界大学生冬季运动会（俄罗斯），教育部领导慰问中国高山滑雪队

毛羽鹏（左三）执裁全国轮椅冰壶锦标赛

2022年北京冬奥会，陈松担任女子速度滑冰项目发令员

体育部11名教师参与北京冬奥会执裁工作

（左起：杨譓、王儒轩、季朝新、赵崇乐、陈松、杨海东、张博文、毛羽鹏、王兴华）

东北大学第六十届运动大会

东北大学第六十届运动大会闭幕式上冯夏庭校长与体育部师生一起奔跑

# 第二部分

# 东北大学
# 体育教学

# 第六章　建校之初体育专修科教学工作

　　体育教学是学校教育的重要组成部分，是培养德、智、体、美、劳全面发展人才的重要途径。东北大学第一任体育主任为马惠吾先生，于1925年8月到校任职。马先生到校前，全校体育事宜曾由邢壮观先生担任指导。马先生任事后，力谋发展，对内则设立体育会体育部，对外则选编校队，四处远征。故彼时之体育，盛极一时。后马先生去职，郝更生先生继任。郝先生原系国内体育界知名之士，任本校教育学院体育专修科主任，故对全校之体育更有进一步之建设。九一八事变后，学校解体。时体育科已告结束，郝先生乃去职他就。1932年，学校在北平复课。1933年，始渐次整理就绪，乃聘胡安善先生为本校体育主任。

　　本校原有体育专修科一班，系于1929年秋季招入者。当时之教授有郝更生先生、吴蕴瑞先生、申国权先生、宋君复先生、高梓女士及德籍田径赛指导步起先生（Eöcher）。1932年夏，由该科毕业者共35人。成绩均甚优良。学生毕业散在各地任事：充体育专门学校讲师及教务主任者有之，大学体育主任者有之，中学体育主任者亦有之。其他如军队中之体育教官，大中学校之体育指导等，亦不下数十人。足迹所至，遍上海、北平、天津、南京、河南、河北、山东、绥远、察哈尔、青岛、威海卫等省市。

表6-1 1929年时体育专修科课程大纲

| 课程 | 序号 | 科目 | 第一学年 | | | | | |
|------|------|------|--------|--------|--------|--------|--------|--------|
| | | | 上学期 | | | 下学期 | | |
| | | | 每周时数 | 学分 | 备考 | 每周时数 | 学分 | 备考 |
| 内堂课程 | 1 | 国文 | 3 | 3 | | 3 | 3 | |
| | 2 | 英文 | 3 | 3 | | 3 | 3 | |
| | 3 | 体育史 | 2 | 2 | | 2 | 2 | |
| | 4 | 各种运动规则 | 2 | 2 | | 2 | 2 | |
| | 5 | 军事训练 | 2 | 1 | | 2 | 1 | |
| | 6 | 生物学 | 3 | 3 | | 3 | 3 | |
| | 7 | 解剖学 | 3 | 3 | | 3 | 3 | |
| | 8 | 伦理学 | 2 | 2 | | 2 | 2 | |
| | 9 | 有机化学 | 3 | 3 | | 3 | 3 | |
| | 10 | 音乐 | 2 | 2 | | 2 | 2 | |
| 外堂课程 | 11 | 球术 | 4 | 2 | | 4 | 2 | |
| | 12 | 田径赛 | 4 | 2 | | 4 | 2 | |
| | 13 | 体操 | 2 | 1 | | 2 | 1 | |
| | 14 | 国术 | 2 | 1 | | 2 | 1 | |
| | | 总计 | 37 | 30 | | 37 | 30 | |
| 课程 | 序号 | 科目 | 第二学年 | | | | | |
| | | | 上学期 | | | 下学期 | | |
| | | | 每周时数 | 学分 | 备考 | 每周时数 | 学分 | 备考 |
| 内堂课程 | 1 | 国文 | 2 | 2 | | 2 | 2 | |
| | 2 | 英文 | 2 | 2 | | 2 | 2 | |
| | 3 | 各种运动规则 | 2 | 2 | | 2 | 2 | |
| | 4 | 生理学 | 3 | 3 | | 3 | 3 | |
| | 5 | 军事训练 | 2 | 1 | | 2 | 1 | |
| | 6 | 解剖学 | 3 | 3 | | | | |

表6-1（续）

| 课程 | 序号 | 科目 | 第二学年 | | | | | |
|---|---|---|---|---|---|---|---|---|
| | | | 上学期 | | | 下学期 | | |
| | | | 每周时数 | 学分 | 备考 | 每周时数 | 学分 | 备考 |
| | 7 | 音乐 | 2 | 2 | | 2 | 2 | |
| | 8 | 卫生学 | 2 | 2 | | 2 | 2 | |
| | 9 | 细菌学 | | | | | | |
| | 10 | 人体检验 | 2 | 1 | | | | |
| | 11 | 教育心理 | 2 | 2 | | 2 | 2 | |
| | 12 | 统计学 | 3 | 2 | | 3 | 2 | |
| | 13 | 体育建设 | 2 | 2 | | 2 | 2 | |
| | 14 | 救急伤科 | 2 | 1 | | | | |
| | 15 | 体育卫生 | | | | | | |
| | 16 | 学校卫生 | 2 | 2 | | | | |
| | 17 | 公共卫生 | 2 | 2 | | | | |
| | 18 | 人体肌动 | | | | | | |
| 外堂课程 | 19 | 球术 | 3 | 2 | | 4 | 2 | |
| | 20 | 田径赛 | 3 | 2 | | 4 | 2 | |
| | 21 | 轻重器械 | 2 | 1 | | 2 | 1 | |
| | 22 | 国术 | 2 | 1 | | 2 | 1 | |
| | | 总计 | 41 | 33 | | 42 | 34 | |

| 课程 | 序号 | 科目 | 第三学年 | | | | | |
|---|---|---|---|---|---|---|---|---|
| | | | 上学期 | | | 下学期 | | |
| | | | 每周时数 | 学分 | 备考 | 每周时数 | 学分 | 备考 |
| 内堂课程 | 1 | 国文 | 2 | 2 | | 2 | 2 | |
| | 2 | 英文 | 2 | 2 | | 2 | 2 | |
| | 3 | 生理学 | 2 | 2 | | | | |
| | 4 | 体育原理及课程组织 | 3 | 3 | | 3 | 3 | |

表6-1（续）

| 课程 | 序号 | 科目 | 第三学年 | | | | | |
|---|---|---|---|---|---|---|---|---|
| | | | 上学期 | | | 下学期 | | |
| | | | 每周时数 | 学分 | 备考 | 每周时数 | 学分 | 备考 |
| | 5 | 童子军 | 2 | 2 | | 2 | 2 | |
| | 6 | 运动场管理法 | 2 | 2 | | | | |
| | 7 | 体育教授法 | 3 | 3 | | | | |
| | 8 | 诊断学 | | | | 2 | 2 | |
| | 9 | 体育管理及行政 | 2 | 2 | | 2 | 2 | |
| | 10 | 医学操及按摩术 | | | | 2 | 2 | |
| | 11 | 实习 | | | | 1 | 1 | |
| | 12 | 研究报告 | | | | 4 | 4 | |
| 外堂课程 | 13 | 球术 | 3 | 2 | | 2 | 1 | |
| | 14 | 田径赛 | 3 | 2 | | 2 | 1 | |
| | 15 | 游泳 | 2 | 1 | | 2 | 1 | |
| | 16 | 滑冰 | 2 | 1 | 该课视时期而更调 | 2 | 1 | |
| | 17 | 游技 | 2 | 1 | | 2 | 1 | |
| | | 总计 | 30 | 25 | | 30 | 25 | |

表6-2　国立东北大学第一学期体育专修科课程表（1947—1948年）

| 科目 | 每周时数 | 学分 | 必选修 | 年级 | 教员 | 备注 |
|---|---|---|---|---|---|---|
| 童子军 | 3 | 3 | 必 | 3 | 王继根 | |
| 体育测验 | 2 | 2 | 必 | 3 | 苑延瑞 | |
| 按摩术矫正操 | 2 | 2 | 必 | 3 | 梁德璋 | |
| 球类 | 2 | 2 | 必 | 3 | 李志强 | |
| 田径赛 | 2 | 2 | 必 | 3 | 刘长春 | |
| 体育建筑及设备 | 2 | 2 | 必 | 3 | 庞英 | |
| 人体机动学 | 1 | 1 | 必 | 3 | 庞英 | |

表6-2（续）

| 科目 | 每周时数 | 学分 | 必选修 | 年级 | 教员 | 备注 |
|------|---------|------|--------|------|------|------|
| 足球 | 2 | 2 | 必 | 3 | 李凤楼 | |
| 体育行政 | 2 | 2 | 必 | 3 | 谭邦杰 | |
| 体格检查 | 2 | 2 | 必 | 3 | 杨天直 | |
| 运动裁判法 | 2 | 2 | 必 | 3 | 刘化坤 | |
| 舞蹈 | 2 | 2 | 必 | 3 | 经　娟 | |
| 器械运动 | 2 | 2 | 必 | 3 | 刘浚湘 | |
| 音乐 | 2 | 2 | 必 | 3 | 王扡方 | |
| 篮球 | 2 | 2 | 必 | 3 | 牟作云 | |
| 运动生理学 | 2 | 2 | 必 | 3 | 郭孝汾 | |
| 自卫术 | 1 | 1 | 必 | 3 | 张伸泉 | |
| 体育教学法 | 2 | 2 | 必 | 2 | 杨天直 | |
| 足球 | 2 | 2 | 必 | 2 | 李凤楼 | |
| 田径运动 | 2 | 2 | 必 | 2 | 刘长春 | |
| 篮球 | 2 | 2 | 必 | 2 | 牟作云 | |
| 国术 | 1 | 1 | 必 | 2 | 刘世安 | |
| 音乐 | 2 | 2 | 必 | 2 | 王扡方 | |
| 运动裁判法 | 2 | 2 | 必 | 2 | 刘化坤 | |
| 器械运动 | 2 | 2 | 必 | 2 | 刘浚湘 | |
| 舞蹈 | 2 | 2 | 必 | 2 | 经　娟 | |
| 卫生学 | 3 | 3 | 必 | 2 | 郭孝汾 | |
| 运动生理学 | 2 | 2 | 必 | 2 | 郭孝汾 | |
| 球类 | 2 | 2 | 必 | 2 | 李志强 | |
| 体操游戏 | 2 | 2 | 必 | 2 | 李志强 | |
| 体育原理 | 2 | 2 | 必 | 2 | 郭孝汾 | |
| 童子军 | 3 | 3 | 必 | 2 | 王继根 | |
| 伦理学 | 3 | 3 | 必 | 2 | 齐兴华 | |

表6-2（续）

| 科目 | 每周时数 | 学分 | 必选修 | 年级 | 教员 | 备注 |
|---|---|---|---|---|---|---|
| 第一年日文 | 3 | 3 | 必 | 2 | 樊哲民 | |
| 第一年俄文 | 3 | 3 | 必 | 2 | 王聿烈 | |
| 第一年法文 | 3 | 3 | 必 | 2 | 鲍文蔚 | |
| 三民主义 | 3 | 3 | 必 | 1 | 郑铁 | |
| 国文 | 3 | 3 | 必 | 1 | 唐文播 | |
| 英文 | 3 | 3 | 必 | 1 | 卢弼 | |
| 解剖学 | 3 | 3 | 必 | 1 | 郭孝汾 | |
| 教育概论 | 2 | 2 | 必 | 1 | 萧蔚 | |
| 足球 | 2 | 2 | 必 | 1 | 李凤楼 | |
| 舞蹈 | 2 | 2 | 必 | 1 | 经娟 | |
| 篮球 | 2 | 2 | 必 | 1 | 牟作云 | |
| 音乐 | 2 | 2 | 必 | 1 | 王扰方 | |
| 哲学概论 | 2 | 2 | 必 | 1 | 吴叔班 | |
| 器械运动 | 2 | 2 | 必 | 1 | 刘浚湘 | |
| 国术 | 1 | 1 | 必 | 1 | 刘世安 | |
| 田径赛 | 2 | 2 | 必 | 1 | 刘长春 | |
| 生物学 | 2 | 2 | 必 | 1 | 潘玉纯 | |
| 球类 | 2 | 2 | 必 | 1 | 李志强 | |
| 体育史 | 2 | 2 | 必 | 1 | 杨天直 | |
| 体操游戏 | 2 | 2 | 必 | 1 | 李志强 | |

# 第七章 近年来体育部教学情况

近年来，东北大学体育部贯彻落实国家和学校相关政策，深化教学改革，改善教学环境，提高教学质量，不断适应新时代社会对高素质人才的需求。体育部是东北大学直属学院级的教学单位，下设球类教学与研究方法中心（一）、球类教学与研究方法中心（二）、冰水教学与研究方法中心、综合教学与研究方法中心、社会体育指导与管理教研中心、研究生教研中心、课外活动组。承担全校本科生的公共体育课、人文选修课及社会体育指导与管理专业本科生、体育学和体育教学专业研究生的教学任务。

## 第一节 课程建设

东北大学体育课程是学校课程体系的重要组成部分，是学校体育教学的中心环节，是实施素质教育和培养全面发展人才的重要途径。近年来，体育部重视体育课程建设，继承和发扬东大体育传统，深化教学改革，提高教学质量，不断适应现代社会对高素质人才的需求。

### 一、教学定位

按照《全国普通高等学校体育课程教学指导纲要》《高等学校体育工作基本标准》《国务院办公厅关于强化学校体育 促进学生身心健康全面发展的意见》，体育教学坚持以立德树人为根本任务，坚持本科教学的基础地位。体育部以增强体质和身心健康为出发点，坚持课堂教学与课外活动相结合；注重学生个性发展，坚持培养兴趣与提高技能相促进；坚持全面推进与分类指导相结合，选择学习内容和发展方向；坚持群体活动与运动竞赛相协调，逐步形成体系健全、制度完善的课内外一体化大学体育发展新格局。

## 二、培养目标

以增强学生体质和身心健康为出发点和目标，激发学生体育学习和锻炼的兴趣，使学生基本形成终身体育意识，积极参与各种体育活动，养成自觉锻炼的习惯，形成正常的生活方式，具有健康的体魄。学生能科学地进行体育锻炼，掌握一至两项终身受益的运动项目的基本方法和技能，有效提高身体素质。学生通过体育活动树立良好的体育道德和合作精神，改善心理状态，养成积极乐观的生活态度，在运动中体验乐趣和成功。

## 三、课程目的与任务

课程目的：以身体练习为基本手段，通过合理的体育教学方式、多元化的体育锻炼方法以及科学的自我监督过程，增强学生体质和身心健康水平，激发学生参与体育活动的兴趣，提高体育能力；培养他们终身参与体育锻炼的意识和习惯，使他们树立"健康第一"的观念，并成为在德、智、体、美、劳等方面全面发展的合格人才。

课程任务：全面发展学生体能，传授体育运动技术、技能和基本理论知识，使学生掌握常见运动创伤的预防和处置方法，具有一定的体育文化素养和体育欣赏能力；使学生掌握几种有效的健身运动锻炼方法，培养独立从事体育活动的能力，并结合自己的兴趣爱好和身体实际制订个人锻炼计划，养成良好健康的锻炼习惯；加强学生的素质教育，使学生学会在体育运动中调节身心，培养良好的体育道德观和团结进取、勇于拼搏的意志品质。

## 四、课程设置

体育部按照《全国普通高等学校体育课教学指导纲要》精神，以"健康第一"为指导思想，坚持以教学为中心，在总结和更新课程的基础上，不断深化教学改革。2016年重新修定了《东北大学体育课程教学大纲》。

### （一）课程内容

（1）2015年，体育部面向全校开设的课程共有17门，分别是：篮球、排球、足球、橄榄球、乒乓球、羽毛球、网球、轮滑、滑冰、滑雪、游泳、瑜伽、武术、体适能、器械健美、拳击、健美操。

（2）2016年，体育部面向全校开设的课程共有19门，分别是：篮球、排球、足球、橄榄球、乒乓球、羽毛球、网球、滑冰、滑雪、游泳、瑜伽、武术、体适能、器械健美、拳击、健美操、轮滑、跆拳道、啦啦操。

（3）2018年，体育部面向全校开设的课程共有20门，分别是：篮球、排球、气排球、足球、橄榄球、乒乓球、羽毛球、网球、滑冰、滑雪、游泳、瑜伽、武术、体适能、器械健美、拳击、健美操、轮滑、跆拳道、啦啦操。

（4）2019年，体育部面向全校开设的课程共有21门，分别是：篮球、排球、气排球、足球、橄榄球、乒乓球、羽毛球、网球、滑冰、单板滑雪、双板滑雪、游泳、瑜伽、武术、体适能、器械健美、拳击、健美操、轮滑、跆拳道、啦啦操。

（5）2021年，体育部面向全校开设的课程共有20门，分别是：篮球、排球、气排球、足球、橄榄球、乒乓球、羽毛球、网球、滑冰、游泳、瑜伽、武术、体适能、器械健美、拳击、健美操、轮滑、跆拳道、啦啦操、体育保健班。

## （二）课程教学形式

（1）身体素质教学；
（2）专项素质教学；
（3）专项技能教学；
（4）课外校园跑锻炼；
（5）课外自主锻炼；
（6）课外体育社团活动。

## （三）课程教学安排

本科生一、二年级开设的体育课程是必须的公共基础课程，四个学期共3.0学分，修满方可毕业，总学时为144学时；三、四年级开设体育人文选修课。

## 五、考核与评价

（1）运动专项：比例占70%，根据不同专项特点实行考核；
（2）民族传统体育：比例占10%，八法五步拳；

（3）平时表现：比例占10%，根据课堂出勤、表现等实行考核；

（4）校园跑步：比例占10%，每学期以完成96km进行评价。

# 第二节　教学改革

2003年以来，体育部不断深化教学改革，从教学设施、教学内容、选课方式、教师培训等多个方面深入改革发展，实现教学设施完善与补充，为教学提供基础保障；同时逐渐扩充教学内容，形成国家、省、校级特色课程；注重教师教学能力的培养，积极进行教学项目改革并取得多项教学改革成果，跟随时代发展的步伐，在教学中融入课程思政，促进教师教学能力的进一步提升，推动体育部教学改革的快速发展。

## 一、教学基础设施的发展

东北大学中心体育场（五四体育场）始建于1987年，为全封闭标准400米田径场。体育场面积为24017m²，可容纳1万余名观众观看田径比赛。2003年主席台开始上棚并进行全方位改造，建草坪铺塑胶跑道。从建成到现在已有36年，接待过省级以下大小田径运动会及其他各种赛事几千次，被中国田径协会认证为田径比赛场地（一类）。

五五田径场近年来陆续经过几次大的改造，特别是在2011年，学校进行全面改造，由过去的土场地，改为现在的人工草坪、塑胶跑道，成为一个半封闭式的400米标准田径场，并建有4个标准篮球场，总面积为21400m²。目前南湖校区共有标准足球场地2块、篮球场地24块、排球场地6块、网球场2块。篮、排球场（主楼南）面积为6201m²。篮球场（一舍东）面积为3198m²。

东北大学羽乒馆建成于1957年，位于东北大学东西主轴线上，建筑面积为3600m²，是集教学、运动、休闲于一体的运动休闲馆。本馆在2012年为了迎接全运会的召开做了大规模的改造工程，在原有场馆的基础上进行了加高、加宽建设，以符合作为艺术体操训练馆的运动需求。并在2013年全运会结束后进行了全面装修，更名为东北大学羽乒馆，内有12块羽毛球场地，12张乒乓球台。

刘长春体育馆是教育部、辽宁省、沈阳市重点共建东北大学"985工程"

一期建设项目，由沈阳市政府投资建设，于2008年6月落成。体育馆位于中心体育场南侧，总建筑面积10992.81m²，地上2层，地下1层，建筑主体高度为23.98米。体育馆内座席总数为5000余席，其中固定座位1000余座，活动座位4000余座。馆内共可提供3块篮球场地、22块乒乓球场地，可以举行篮球、排球、羽毛球、乒乓球等多种体育比赛。体育馆内设有新闻中心、会议室、贵宾休息室、标准运动员休息室等多种辅助用房，可以满足举办国际单项体育比赛和各种大型活动的要求。体育馆外西侧广场上，竖立了一座刘长春青铜塑像，塑像以刘长春在洛杉矶第十届奥运会赛场上右脚尖触地的照片为原型创作，人像高2.7m，大理石底座高1.9m。以纪念在东北大学的舞台上成长起来的"中国奥运第一人"刘长春，并激励在校学生发奋成才，弘扬"超越自我、奋勇拼搏"的奥林匹克精神，体育馆也因此被命名为"刘长春体育馆"。

东北大学游泳馆是学校"985工程"一期建设、部省市重点共建项目之一，总建筑面积6775m²，于2006年7月正式投入使用。游泳馆为大跨度网架结构，拥有先进水处理系统的50m×25m、25m×11m淡水游泳池各一个，可满足游泳教学、训练及日常健身使用。游泳馆内部设施完善，先进的水循环净化和池水加温设备，保证了馆内常年优良的水质和舒适的水温，并配备了更衣室及热水淋浴，馆内全套通风系统可保证馆内的空气流通及空气质量，为学校教学、训练、水上项目竞赛提供了优质的服务场地。东北大学游泳馆秉承"以人为本、抓好细节、立足师生、提高品位、厉行节约、注重实效"的服务理念，以科学的运营机制、优秀的服务质量为学校教学、训练、比赛以及师生员工业余健身提供最佳的服务保障，为建设"多科性、研究型、国际化"的国内一流、国际知名的高水平大学作出贡献。

2015年8月，东北大学素质拓展基地建成，坐落在游泳馆的北侧。基地内设有"信任背摔""穿越电网""毕业墙""攀岩""空中抓杠""断桥""相互依存""悬崖峭壁""天梯"等项目，2018年，东北大学素质拓展基地被评为全国体验教育示范营地。

## 二、办公系统的自动化

2010年，体育部开始使用学生网上选课、网上成绩录入系统。体育部为所有教师提供了办公邮件和VPN客户端，教师可以在校外凭账号接入校园网络，更好地利用学校信息化资源，完成课程建设和相关教学工作。学校图书馆购买外文数据库等信息资源逐渐增加，也为专业学习提供了更多的支持。

2021年，东北地区首个基于5G独立组网的融合校园专网在东北大学成功开通，东大近5万名师生只要使用具备某运营商5G功能的手机，无论身处校园内外，不用换卡、不用换号，无需使用VPN，即可随时接入校园网，快速访问校内网站和资源。通过实时连接校园网，可以实现教师校外远程办公、登录科研平台，学生随时随地远程听课；学校管理系统会实时定位学生轨迹，了解学生动态，实现智能管理，等等。此次东北大学5G融合校园专网的开通，也极大地促进了学校体育教学工作的深入改革。

## 三、精品课建设

经过多年的探索和实践，体育部创建并形成了"以滑冰课为特色，轮滑课为基础，双语教学为先导，其他形式为支撑"的教学新格局。同时，充分发挥体育教学在学校教育教学中的优势，运用各种现代教学手段和方法，培养学生的创新意识、创新能力和竞争意识，以"掌握一两门终身受益的体育项目"为目标，将"健康第一、终身体育"的思想贯彻于体育教学之中，培养学生的健康素质。

滑冰课继2001年被评为校级优秀课，2002年被评为省级优秀课之后，2003年被评为校级精品课，2004年被评为省级精品课。

2006年12月18日，根据《教育部关于公布2006年度国家精品课程名单的通知》（教高函〔2006〕26号）文件精神，在2006年国家精品课程评选工作中，东北大学滑冰课被评为国家精品课程。

2008年，轮滑课被评为东北大学精品课；2009年，羽毛球课被评为东北大学精品课；2014年，体育舞蹈课被评为校级精品资源建设课，同年创建滑轮教学团队和素质拓展团队，中国轮滑协会命名东北大学为"中国滑轮运动示范学校"。

2017年，开展足球裁判法慕课（MOOC）线上教学课程，滑冰课程被评为国家级精品资源共享课。

## 四、双语教学

2003年，辽宁省教育厅组织省内各高校教务处领导在我校举行"双语教学"课观摩现场会，体育部8名教师讲授了不同专项的"双语教学"公开课，受到辽宁省教育厅领导的高度赞扬和兄弟院校的好评。

2005年，王永祥主讲的"滑冰课"获东北大学双语教学基本功竞赛二等奖；陈家鸣主讲的"轮滑课"获东北大学双语教学基本功竞赛优秀奖。

2007年，王永祥主讲的"滑冰课（双语）"被评为辽宁省学校体育优秀课一等奖；杨春卉主讲的"排球规则"双语课件获东北大学第四届教学基本功大赛（双语组）优秀奖。

2008年1月，在东北大学召开了"中国学校体育研究会体育课程双语教学专业委员会"第一次学术年会，王永祥教授当选为理事长。在本届年会上，王永祥《基础体育课教材》和"滑冰"双语课件获一等奖，陈家鸣"轮滑"、杨春卉"排球规则"、刘和臣"太极拳"双语课件获二等奖；梁青《浅谈双语教学在高校体育教学中的运用》和刘和臣《大学体育课采用"双语"教学分析》两篇论文获三等奖。

### 五、教材建设

2007年，体育部三部教材获学校教材立项，分别是曹冰的《体育科研方法》、梁青的《校园交际舞》、杨春卉的《体育英语》。

2011年，逯明智出版教材《高山滑雪》。

2012年，逯明智出版VCD音像教材《学滑雪》。

2013年，俞丽萍主编的教材《体育科研方法基础教程》入选辽宁省"十二五"普通高等学校本科规划教材。

2014年，陈松主编教材《体育与健康教程》、张锐锋主编教材《奥林匹克教程》。

2015年，姜晓宏主编教材《网球教程》。

### 六、混合式教学（慕课建设）

体育部积极开展了校级慕课立项建设工作，参与课程建设的个人和团队为推进我校高等教育开放，促进优质教育资源共享作出了重要贡献。

2016年，学校下发了《关于推进东北大学在线开放课程建设与应用管理工作的通知》（东大教字〔2016〕19号），启动了新一轮"慕课"建设申报工作，体育部"滑冰课"被确定为新建慕课课程。

2017年，金刚的"足球裁判法"被确认为第一批"东北大学校级慕课"课程。

2018年，高明等的"滑冰"、厉中山等的"轮滑基础"被确认为第二批"东北大学校级慕课"课程。

2019年，回军等的"篮球"、厉中山的"轮滑基础"和"轮滑高级"、逯明智等的"高山滑雪基础"、关荣鑫等的"单板滑雪入门"、曹盛民等的"睛彩羽毛球"、姜晓宏的"网球"被确认为第三批"东北大学校级慕课"课程。同年，金刚的"足球裁判法"、姜晓宏的"网球"、曹盛民的"体育（二）（四）项目：羽毛球"、刘力瑜的"体育英语（一）"课程开展了线上线下混合教学。

2020年，曹盛民等的"炫彩羽毛球"、赵崇乐等的"篮球团队合作与实战应用"开展了东北大学在线开放课程建设。

2021年，孙玉宁等的"体育（一）（三）：气排球"、曹盛民等的"体育（一）（三）：羽毛球"、欧阳博文的"体育（一）（三）：跆拳道"、刘力瑜的"体育英语（二）"、刘和臣等的"体育（一）（三）：武术"、王晓梅的"大学生健身和防身技术与方法"、王兴华的"体育管理学"、金刚的"足球裁判法"开展了东北大学线上线下混合教学课程建设。

## 七、课程思政建设

2020年开始，根据《东北大学关于实施"思业融合燎原计划"，加强和改进"课程思政"工作的意见》相关要求，体育部积极组织开展了课程思政建设工作。

2020年，体育部3门课程被确定为东北大学第二批课程思政校级示范课程、2门课程被确定为课程思政校级培育课程；4门课程被确定为体育部第一批课程思政院级示范课程、4门课程被确定为院级培育课程。

表7-1 2020年校院两级课程思政示范课程、培育课程名单

| 课程名称 | 主讲教师 | 授课群体 | 课程类型 |
|---|---|---|---|
| 足球 | 金刚 | 本科生 | 校级示范课 |
| 奥林匹克运动 | 孙玉宁 | 本科生 | 校级示范课 |
| 体育经济学 | 杨海东 | 研究生 | 校级示范课 |
| 篮球 | 贾海波 杜成林 回军 马增玉 刘冠铭 | 本科生 | 校级培育课 |
| 体育教学原理 | 回军 | 研究生 | 校级培育课 |
| 篮球 | 赵崇乐 | 本科生 | 院级示范课 |
| 体育英语 | 刘力瑜 | 本科生 | 院级示范课 |

表7-1（续）

| 课程名称 | 主讲教师 | 授课群体 | 课程类型 |
|---|---|---|---|
| 羽毛球 | 曹盛民　梁青　王浩家　王景利　姜晓宏<br>徐拥军　张迪　季朝新　王兴华 | 本科生 | 院级示范课 |
| 排球 | 杨春卉　孙玉宁　韩冰　王一鸣 | 本科生 | 院级示范课 |
| 武术 | 王晓梅　刘和臣 | 本科生 | 院级培育课 |
| 跆拳道 | 欧阳博文 | 本科生 | 院级培育课 |
| 高山滑雪 | 逯明智 | 本科生 | 院级培育课 |
| 轮滑/滑冰 | 厉中山 | 本科生 | 院级培育课 |

表7-2　2020年东北大学课程思政优秀教学案例评选结果

| 一等奖 | | |
|---|---|---|
| 学院 | 主讲教师 | 课程名称 |
| 体育部 | 金刚 | 公共体育足球专项课 |
| 二等奖 | | |
| 学院 | 主讲教师 | 课程名称 |
| 体育部 | 孙玉宁 | 奥林匹克运动 |
| 三等奖 | | |
| 学院 | 主讲教师 | 课程名称 |
| 体育部 | 杨海东 | 体育经济学 |
| 体育部 | 回军 | 体育教学原理 |
| 体育部 | 贾海波 | 篮球 |

2021年，回军的"体育教学原理"、贾海波的"篮球"、杨春卉等的"排球公体课"被确认为东北大学第三批课程思政示范课程。孙玉宁的"奥林匹克运动"获东北大学2021年课程思政优秀课程一等奖。

## 八、教学改革项目

2006年，王永祥主持的"基于北方区域特色的高校冰雪课程教学模式的研究与实践"获得辽宁省高等教育教学改革研究项目立项、"基于区域优势的我校冰雪课程教学模式的研究与实践"获得东北大学教育科学研究"十一五"规划立项重点资助课题一期项目立项。

2012年，姜晓宏主持的"主体性教学模式在高校网球选项课中的实践研究"、梁青主持的"普通高校体育舞蹈课程立体化教材建设研究"获东北大学教育科学研究立项。

2014年，张锐锋主持的"回归基础体育基础素质训练是中国式体育教学成功的策略"和高明主持的"羽毛球精品课转型升级精品资源共享课的实践研究"获东北大学教育教学改革研究立项、张锐锋主持的"破解中国式体育教育难题——回归身体基础练习"获辽宁省教育教学改革研究立项。

2018年，孙玉宁主持的"东北大学学生体质与身心健康的评价与干预研究"的教学改革，通过校园跑APP干预学生体质，体质测试合格率显著提升，并将跑步训练作为常态化的锻炼方式。杨海东主持的"运动类APP应用于体育课程教学内容改革的研究与实践"的教学改革，通过实地调研与学生的访谈工作，总结学生对运动类APP的使用态度与运用频率，分析运动类APP的推广价值，在教学过程中使用运动类APP对学生的身体素质与体质测试成绩有显著提升，并撰写《高校学生课外体育活动应用运动类APP情况调查研究》论文一篇。

2019年，孙玉宁主持的"构建社会体育学专业教学模式研究"的教学改革，通过增加校园跑APP所设置的年度公里数，进一步加强学生体质健康水平，同时增加校外实习基地，利用智慧体育系统开发相关课程。曹盛民主持的"'互联网+体育'环境下羽毛球课堂教学方法改革的探索与实践"的教学改革，调整教学方法，采用多球教学方法进行教学，提高学生击球稳定性，并取得初步的教学效果。逯明智主持的"东北大学公共体育课雪上项目教学实践与创新研究"的教学改革，突破滑雪课的时间限制，开展"冰转轮、雪转轮"的冬季项目练习，获得2019年度"冰雪人才培养先进院校奖""冰雪进校园优秀贡献奖""冰雪运动推广先进人物奖"。回军主持的"速成教学模式在篮球课中的研究与实践"的教学改革，通过线上线下的混合教学，并运用速成教学模式，在一定的时间与空间的限制条件下，促进学生技术动作的学习与对抗性动作的练习，培养学生篮球的学习兴趣，养成终身体育的意识。

## 九、教学改革成果

2003—2022年，体育部获"教学改革成果奖"16项，其中省级1项，校级15项。具体情况见表7-3。

表7-3　2003—2022年体育部获"教学改革成果奖"（论文）情况一览表

| 时间 | 获奖论文名称 | 奖励单位 | 等级 | 负责人 | 主要合作者 |
|---|---|---|---|---|---|
| 2004 | 我校开展羽毛球教学的探索与实践 | 东北大学 | 二等奖 | 王永祥 | 高明、曹冰、陈家鸣、曹盛民 |
| 2005 | 开发多媒体与网络教学系统构建特色高校体育教学模式 | 中国教育技术协会普通高校体育专业委员会第九届学术年会 | 一等奖 | 王永祥 | |
| 2006 | 发挥资源优势，突出地域特点，建设精品课程的探索与实践 | 东北大学 | 三等奖 | 王永祥 | 高明、曹冰、陈家鸣、曹盛民 |
| 2008 | 落实学生体质健康测试，深化体育教学改革，提高学生身体素质的探索与实践 | 东北大学 | 二等奖 | 张锐锋 | 高明、曹盛民、孙玉宁、贺天麟 |
| 2008 | 加强滑雪课程建设，提高大学生身心素质的教学体系研究与实践 | 东北大学 | 二等奖 | 逯明智 | 王永祥、高明、陈家鸣、杨譞 |
| 2010 | 12分钟跑在体育教学中的应用与成果分析 | 东北大学 | 二等奖 | 曹盛民 | 张锐锋、张跃敏 |
| 2010 | 突出地域特色，加强滑雪课程建设的实践与探索 | 东北大学 | 二等奖 | 逯明智 | 高明、陈家鸣、关荣鑫、杨譞 |
| 2010 | 东大体育课程与奥运 | 东北大学 | 二等奖 | 孙玉宁 | 张锐锋、陈松、陈家鸣、姜晓宏、梁青、逯明智、金刚、杨波 |
| 2010 | 开展网上体育选课及体能测试预约，满足师生需求、提高教学效率 | 东北大学 | 二等奖 | 张锐锋 | 曹盛民、黄卫祖、贺天麟、肖丽姝 |

表7-3（续）

| 时间 | 获奖论文名称 | 奖励单位 | 等级 | 负责人 | 主要合作者 |
|------|------------|---------|------|-------|-----------|
| 2012 | 以国家精品课为引领的北方高校——区域特色高校冰上课研究与实践 | 东北大学 | 一等奖 | 高明 | 俞丽萍、陈松、陈家鸣、贺天麟 |
| 2014 | 以"本科教学工程"为引领深化羽毛球教学改革的探索与实践 | 东北大学 | 二等奖 | 高明 | |
| 2014 | 公共体育课程教育应加强以身体素质训练为基础的教学方法研究 | 东北大学 | 一等奖 | 张锐锋 | |
| 2014 | 以体质健康测试引领学生身心素质全面提升 | 东北大学 | 二等奖 | 陈松 | |
| 2020 | "育体育人"推动高校足球专项课多元化教学方法的探索与实践 | 东北大学 | 二等奖 | 金刚 | |
| 2022 | 五育并举框架下公共体育改革研究 | 东北大学 | 一等奖 | 孙玉宁 | 陈松、贺天麟、杜成林、回军、赵崇乐、刘冠铭、贾海波、王一鸣、韩姝 |

## 十、教学课件和教学基本功竞赛

表7-4 2003—2017年体育部荣获教学课件和教学基本功竞赛奖情况一览表

| 姓名 | 课件名称/颁奖部门/获奖名称/等级 | 时间 |
|------|------------------------------|------|
| 王永祥 | "滑冰"获东北大学"现代教育技术"教学大奖赛二等奖 | 2002 |
| 梁青 | "校园交际舞"获中国教育技术协会普通高校体育专业委员会第九届学术年会一等奖 | 2005 |
| 姜晓宏 | "网球技术"获中国教育技术协会普通高校体育专业委员会第九届学术年会一等奖 | 2005 |
| 杜成林 | "篮球基本技术与战术"获中国教育技术协会普通高校体育专业委员会第九届学术年会一等奖 | 2005 |

表7-4（续）

| 姓名 | 课件名称/颁奖部门/获奖名称/等级 | 时间 |
|------|----------------------------|------|
| 姜晓宏 | "网球技术CAI"获东北大学中青年教师多媒体课件大奖赛优秀奖 | 2005 |
| 曹盛民 | "乒乓球基本技术"获中国教育技术协会普通高校体育专业委员会第九届学术年会二等奖 | 2005 |
| 陈家鸣 | "轮滑"双语教学课件获东北大学优秀课件奖 | 2005 |
| 王永祥 | "滑冰"双语课件获东北大学优秀课件奖 | 2005 |
| 杨春卉 | "排球规则"双语课件获东北大学优秀课件奖 | 2005 |
| 刘和臣 | "太极拳"双语课件获东北大学优秀课件奖 | 2005 |
| 高明 | "轮滑"获辽宁省教育厅优秀课件二等奖 | 2006 |
| 曹盛民 | "乒乓球"获中国教育技术协会普通高校体育专业委员会第十届学术年会一等奖 | 2006 |
| 杨春卉 | 东北大学第四届教学基本功大赛（双语组）优秀奖 | 2007 |
| 王永祥 | "滑冰"双语课件获中国学校体育研究会体育课程双语教学专业委员会第一次学术年会一等奖 | 2008 |
| 陈家鸣 | "轮滑"双语课件获中国学校体育研究会体育课程双语教学专业委员会第一次学术年会二等奖 | 2008 |
| 杨春卉 | "排球规则"双语课件获中国学校体育研究会体育课程双语教学专业委员会第一次学术年会二等奖 | 2008 |
| 刘和臣 | "太极拳"双语课件获中国学校体育研究会体育课程双语教学专业委员会第一次学术年会二等奖 | 2008 |
| 曹盛民 | 东北大学教学基本功竞赛优秀奖 | 2009 |
| 杨波 | "校园有氧健身操"获中国教育技术协会普通高校体育专业委员会第十一届学术年会一等奖 | 2010 |
| 曹盛民 | "乒乓球技术"获中国教育技术协会普通高校体育专业委员会第十一届学术年会一等奖 | 2010 |
| 杨春卉 | "排球规则"获中国电教协会全国普通高校体育电教专业委员会二等奖 | 2010 |
| 杨春卉 | "体育英语"多媒体课程获辽宁省教育软件大赛二等奖 | 2014 |
| 金刚 | "足球裁判法"获东北大学优秀网络课程一等奖 | 2016 |
| 欧阳博文 | "跆拳道"课获东北大学教学基本功竞赛一等奖 | 2017 |

# 第三节　体育本科生教育

## 一、专业概况

为适应社会发展对体育应用型人才的需求，东北大学体育部于2001年设立社会体育本科专业。2002年，社会体育专业正式招生。2013年，该专业更名为社会体育指导与管理。社会体育指导与管理专业以体育学、管理学、经济学、社会学、心理学等多门学科为基础，以社会需求为导向、以地方特色为亮点、以国际视野为指导，主要培养学生的运动技能、科学健身指导、全民健身活动策划组织和健身产业经营与管理等能力。随着我国社会体育指导与管理专业办学的规模发展日益扩大，未来的社会需求广阔，社会体育指导与管理专业已经成为我国体育专业人才培养的重要领域。多年来本专业为行政机关、事业单位、社会组织、企业、教育培训机构以及相关部门培养了一大批高素质的应用型社会体育专业人才。

## 二、培养目标

社会体育指导与管理专业致力于培养热爱祖国，具有高尚的道德情操和远大抱负，德、智、体、美、劳全面发展，具有高度的社会责任感、较好的科学和文化素养的高素质人才，具体目标是：

（1）培养具有社会体育指导与管理的基本理论与知识、基本技术与技能的人才。

（2）培养具有良好的实践能力和创新精神，能在企事业、社区、体育管理部门和各类体育组织从事大众性健身指导与服务、项目设计与开发、组织与推广等工作的应用型人才。

（3）为体育管理部门及企事业单位培养既懂专业知识又懂管理的专业人才。

（4）为各级学校及科研单位培养体育方面的师资和后备人才。

## 三、培养方案

### （一）培养方案制（修）订

专业人才培养方案的制订以教育部和学校的政策文件为依据，由体育部组织专家自主制订。既符合体育学教育的教学规律，保持相对稳定性；又要不断根据社会、经济和体育人才的需求，适时地进行调整和修订。近年来，东北大学体育部先后向企业、毕业生、政府等第三方征求培养方案制订和修改意见，建立校外实习实践基地，并通过实习与实践效果的实际反馈适时、动态调整培养方案。

### （二）课程设置

2002年，体育部本科生开设12门专业平台课，包括：体育管理学、体育社会学、体育产业经营管理、体育科研方法、社会体育学、足球、篮球、排球、乒乓球、羽毛球、网球、滑冰等。专题选修课开设体育产业经济学、体育竞赛学、运动训练与管理、保健与康复、体育经纪人、大众传媒概论、体育政策法规、滑雪入门、游泳等课程。

2004年，体育部本科生课程在原来12门的基础上，增加了健美与健美操2门课程，共开设14门课程。专题选修课新增体育保健学等课程。

2006年，体育部本科生专业平台课新增体育竞赛学、体育保健学、游泳、学校体育学、教育学等5门课程，共开设19门专业课程。专题选修课增加体育英语、轮滑等课程。

2012年，体育部本科生课程新增运动解剖学、运动生理学、社会体育学、体育英语、专业概论与职业发展等5门专业平台课程，专题选修课增加武术、运动训练与管理等课程，新知识选修课增加奥林匹克运动、运动心理学、拳击等课程。

2013年，体育部本科生课程新增"大型赛事组织与管理（一）"、"大型赛事组织与管理（二）"、"大型赛事组织与管理（三）"专题选修课。

2016年体育部本科生课程新增"拓展训练"课程。

2018年体育部本科生课程新增"体育裁判实践"、"社会实践调研（一）"、"社会实践调研（二）"、"综合训练"4门课程。

表7-5　2021版培养计划课程设置一览表

| 课群 | | 课程编号 | 课程名称 | 课程学时 | 课程学分 | 学期 | 课程类型 | 占总学分比例 | 专业方向 |
|---|---|---|---|---|---|---|---|---|---|
| 通识类 | 数学与自然科学类 | A1501000041 | 高等数学（一）（文科） | 64 | 4 | 1-1 | 选修课 | 2.33% | |
| | | A1502000020 | 大学物理（文科） | 32 | 2 | 1-2 | 选修课 | | |
| | | A1503001040 | 大学化学（文科） | 32 | 2 | 1-2 | 选修课 | | |
| | 以上所列课程共计8学分，至少达到4学分（其中必修课0学分）。 | | | | | | | | |
| | 人文社会科学类 | A1711000004 | 大学英语（艺体）（一） | 56 | 3.5 | 1-1 | 必修课 | 21.57% | |
| | | A2001000030 | 大学生心理与健康教育（二） | 16 | 1 | 1-1 | 必修课 | | |
| | | A2101200000 | 入学教育 | 16 | 1 | 1-1 | 必修课 | | |
| | | A2401000050 | 大学生心理与健康教育（一） | 16 | 1 | 1-1 | 必修课 | | |
| | | A3508000038 | 思想道德与法治 | 48 | 3 | 1-1 | 必修课 | | |
| | | A1711000005 | 大学英语（艺体）（二） | 48 | 3 | 1-2 | 必修课 | | |
| | | A2201000010 | 文献检索 | 16 | 1 | 1-2 | 选修课 | | |
| | | A3506000013 | 中国近现代史纲要 | 48 | 3 | 1-2 | 必修课 | | |
| | | A3508000011 | 形势与政策（一） | 8 | 0.5 | 1-2 | 必修课 | | |
| | | A3601000010 | 创业基础 | 32 | 2 | 1-2 | 选修课 | | |
| | | A1711000006 | 大学英语（艺体）（三） | 56 | 3.5 | 2-1 | 必修课 | | |
| | | A3505000018 | 马克思主义基本原理 | 48 | 3 | 2-1 | 必修课 | | |
| | | A3507000023 | 习近平新时代中国特色社会主义思想概论 | 32 | 2 | 2-1 | 必修课 | | |
| | | A2101000011 | 军事理论 | 36 | 2 | 2-2 | 必修课 | | |
| | | A3508000021 | 形势与政策（二） | 8 | 0.5 | 2-2 | 必修课 | | |
| | | A3507000018 | 毛泽东思想和中国特色社会主义理论体系概论 | 80 | 5 | 3-1 | 必修课 | | |
| | | A2401000020 | 毕业生就业指导 | 16 | 1 | 3-2 | 选修课 | | |
| | | A3508000031 | 形势与政策（三） | 8 | 0.5 | 3-2 | 选修课 | | |
| | | A3508000041 | 形势与政策（四） | 8 | 0.5 | 4-1 | 必修课 | | |
| | 以上所列课程共计37学分，至少达到37学分（其中必修课32.5学分）。 | | | | | | | | |

表7-5（续）

| 课群 | | | 课程编号 | 课程名称 | 课程学时 | 课程学分 | 学期 | 课程类型 | 占总学分比例 | 专业方向 |
|---|---|---|---|---|---|---|---|---|---|---|
| 通识类 | 通识选修类 | 通识选修类 | A30000A0000 | 科学素养类 | 64 | 4 | * | 选修课 | 8.16% | |
| | | | A31000A0001 | 文化艺术类 | 32 | 2 | * | 选修课 | | |
| | | | A31000A0002 | 社会管理类 | 32 | 2 | * | 选修课 | | |
| | | | A31000A0003 | 素养塑造类（劳育） | 32 | 2 | * | 选修课 | | |
| | | 四史教育类 | A3507000026 | 改革开放史 | 16 | 1 | 2-2 | 选修课 | 0.58% | |
| | | | A3507000027 | 社会主义发展史 | 16 | 1 | 2-2 | 选修课 | | |
| | | | 以上所列课程共计2学分，至少达到1学分（其中必修课0学分）。 | | | | | | | |
| | | | 以上所列课程共计12学分，至少达到4学分（其中必修课0学分）。 | | | | | | | |
| | | | 以上所列课程共计57学分，至少达到55学分（其中必修课32.5学分）。 | | | | | | | |
| 学科基础类 | | | A1801000050 | 社会体育学 | 48 | 3 | 1-1 | 必修课 | 35.86% | |
| | | | A1801000460 | 专业概论与职业发展 | 16 | 1 | 1-1 | 选修课 | | |
| | | | A1801000011 | 体育管理学 | 56 | 3.5 | 1-2 | 必修课 | | |
| | | | A1801000081 | 排球 | 56 | 3.5 | 1-2 | 必修课 | | |
| | | | A1901000212 | Python语言程序设计（文管类） | 64 | 3 | 1-2 | 选修课 | | |
| | | | A1801000020 | 体育社会学 | 56 | 3.5 | 2-1 | 选修课 | | |
| | | | A1801000071 | 篮球 | 56 | 3.5 | 2-1 | 必修课 | | |
| | | | A1801000101 | 羽毛球 | 56 | 3.5 | 2-1 | 必修课 | | |
| | | | A1801000140 | 体育竞赛学 | 48 | 2.5 | 2-1 | 必修课 | | |
| | | | A1901000214 | C++程序设计 | 64 | 3 | 2-1 | 选修课 | | |
| | | | A1801000031 | 体育产业经营与管理 | 56 | 3.5 | 2-2 | 必修课 | | |
| | | | A1801000061 | 足球 | 56 | 3.5 | 2-2 | 必修课 | | |
| | | | A1801000362 | 体育英语（一） | 48 | 3 | 2-2 | 必修课 | | |
| | | | A1801000091 | 乒乓球 | 56 | 3.5 | 3-1 | 必修课 | | |
| | | | A1801000211 | 游泳 | 56 | 3.5 | 3-1 | 必修课 | | |

表7-5（续）

| 课群 | 课程编号 | 课程名称 | 课程学时 | 课程学分 | 学期 | 课程类型 | 占总学分比例 | 专业方向 |
|------|----------|----------|----------|----------|------|----------|--------------|----------|
| 学科基础类 | A1801000363 | 体育英语（二） | 48 | 3 | 3-1 | 必修课 | | |
| | A1801100018 | 体育保健学 | 48 | 3 | 3-1 | 选修课 | | |
| | A1801000111 | 网球 | 56 | 3.5 | 3-2 | 必修课 | | |
| | A1801000290 | 学校体育学 | 48 | 3 | 3-2 | 必修课 | | |
| | A1801000390 | 教育学 | 48 | 3 | 3-2 | 必修课 | | |
| | A1801000042 | 体育科研方法 | 32 | 2 | 4-1 | 必修课 | | |
| 以上所列课程共计64.5学分，至少达到61.5学分（其中必修课51学分）。 | | | | | | | | |
| 专业方向类 | A1801000121 | 滑冰（一） | 16 | 1 | 1-1 | 选修课 | 13.41% | |
| | A1801000200 | 滑雪入门 | 16 | 1 | 1-1 | 选修课 | | |
| | A1801000411 | 健美操 | 56 | 3.5 | 1-1 | 必修课 | | |
| | A1801000240 | 运动解剖学 | 48 | 3 | 1-2 | 选修课 | | |
| | A1801000470 | 拓展训练 | 32 | 2 | 1-2 | 选修课 | | |
| | A1801000122 | 滑冰（二） | 16 | 1 | 2-1 | 选修课 | | |
| | A1801000441 | 拳击 | 48 | 3 | 2-2 | 必修课 | | |
| | A1801000270 | 运动心理学 | 32 | 2 | 3-1 | 选修课 | | |
| | A1801000420 | 轮滑 | 32 | 2 | 3-2 | 选修课 | | |
| | A1801000451 | 武术 | 56 | 3.5 | 3-2 | 必修课 | | |
| | A1801000480 | 体育裁判实践 | 24 | 1 | 3-2 | 选修课 | | |
| | A1801000150 | 运动训练与管理 | 32 | 2 | 4-1 | 选修课 | | |
| | A1801000430 | 奥林匹克运动 | 32 | 2 | 4-1 | 选修课 | | |
| 以上所列课程共计27学分，至少达到23学分（其中必修课10学分）。 | | | | | | | | |
| 实践类 | A2101000001 | 军训 | 2W | 2 | 1-1 | 必修课 | 18.66% | |
| | A1801200001 | 社会实践调研（一） | 0 | 3 | 3-1 | 必修课 | | |
| | A1801200002 | 社会实践调研（二） | 3W | 3 | 3-2 | 必修课 | | |
| | A1801200382 | 综合训练 | 4W | 4 | 4-1 | 必修课 | | |

表7-5（续）

| 课群 | 课程编号 | 课程名称 | 课程学时 | 课程学分 | 学期 | 课程类型 | 占总学分比例 | 专业方向 |
|---|---|---|---|---|---|---|---|---|
| 实践类 | A1801300371 | 教育实习 | 8W | 8 | 4-1 | 必修课 | | |
| | A1801200381 | 毕业设计 | 12W | 12 | 4-2 | 必修课 | | |
| | 以上所列课程共计32学分，至少达到32学分（其中必修课32学分）。 | | | | | | | |

## 四、培养过程

### （一）教学改革

（1）建立以教学为中心的教研团队。目前体育部已经整合师资力量，建立以教学创新、教学改革为中心的教研团队，搭建教学改革创新的交流平台，使科研成果为教学改革服务，促进教学质量的提升。

（2）加大教师引进力度。根据体育部的发展整体规划和优势学科、优势专业的发展目标，体育部近年加大了人才的引进、培育力度，不断优化专业课教学的师资结构。

（3）建设专业精品课程。以体育部教学发展定位和目标为中心，不断丰富和更新教学内容，综合运用各种学习资源，创新教学形式与方法。在原有的精品课程基础上，继续加大精品课程建设力度，积极鼓励中青年教师参加慕课、微课等课程设计和比赛，锻炼和提升教师授课水平和创新能力。

（4）加强教学改革的保障机制和激励机制。为了更好地推进教学质量的提升，体育部成立了教学委员会和教学督导委员会，并制定了相应的监督管理制度。此外，体育部将教师的考核、评聘、选优制度与教学改革的实际业绩相挂钩，综合运用量化与非量化的考评标准，激励教师不断提升自身的教学能力，与时俱进，结合社会和市场需求及学院发展进行课程知识更新和学生能力培养。

（5）建立本科生导师制，细化人才培养过程。体育部目前已经在借鉴国内外高等院校导师制教学经验的基础上，根据本部学科自身特点，初步建立完善本科生导师制，从本科一年级学生开始，通过确立固定、连续的指导与学习关系，搭建起师生的交流平台，有效发挥本科优秀生源的优势，对于学生的个性化培养和综合素质提升起到积极的促进作用。

## （二）课堂教学

### 1. 教学大纲的制订与执行

随着社会体育指导与管理专业培养方案的调整及教学改革的不断深化，课程教学大纲的修订也不断推进并趋于完善。对新增课程，经过研讨制订了科学合理的教学大纲；对课程名称、所属课群有变动的课程，也进行了相应的修订。新教学大纲根据每门课程的具体情况，适当加大了实用内容的比重，在注重夯实体育专业基础的同时全面提高学生综合素质；加大了体育项目训练强度，侧重对学生实用能力的培养，同时借助现代教学手段，提高学生的学习兴趣和自主学习能力。

教师也会根据课程教学大纲要求，结合东北大学社会体育指导与管理专业的特点，安排好每门课程的主要内容和授课计划，同时填写教学日历，并在教学中严格遵照执行。

### 2. 考试考核的方式方法及管理

专业本科生的考试考核方式方法及管理执行学校教务处的统一规定，按照教学计划对学生进行考核。积极加强考核内容与考核方式的改革，力求使考核既能反映学生接受知识的程度，又能反映其灵活应用所学知识分析问题和解决问题的综合能力。任课教师严格按照《东北大学本科生课程考试命题、阅卷基本规范》《东北大学课程考试试卷分析表》及东北大学本科生课程考试试卷模板等要求，在课程考试过程中遵照执行，执行过程中注意总结经验，不断提高课程考试质量。考试过程中，监考、巡考由体育部教学办统一管理，期末试卷、答卷及成绩的管理由专业教研中心负责。

## （三）实践教学

体育部严格按照学校要求安排、落实实践教学，在实习实训、社会实践、毕业论文写作指导等诸多实践教学环节上，都做到了目标明确、过程清楚，注重考核与效果。

体育部十分重视实践教学环节，依据培养目标，完善实践教学体系；加强校内实训和校外实习有机结合，严格精选实习带队教师与指导教师，要求由思想品德好、业务能力强、工作认真负责、有一定实践经验并具有中级以上专业技术职称的教师来担任，有效地保证了实习质量。

社会体育指导与管理专业教研中心修订了《东北大学体育部本科生实践教

学大纲》等文件，对毕业论文的指导与管理提出了具体要求。从指导教师的选派、指导人数、指导次数、毕业论文选题、计划任务书、开题报告到答辩、成绩评定等都有明确规定，保障了毕业论文质量。

### （四）国际视野培养

东北大学的人才培养目标是"坚持立德树人，加强社会主义核心价值体系教育，培养学生的社会责任感、创新精神和实践能力，造就具有远大抱负和国际视野的精英人才"。近年来，体育部一直积极参与学校组织的学生海外学习交流项目，努力开拓青年国际视野。目前，已有10余名社会体育指导与管理专业的学生得到了海外学习的机会。这些海外交流项目，为青年学生提供了接触和了解世界的机会，为青年培养国际视野创造了优越的环境。

## 五、专业特色

东北大学社会体育指导与管理专业建立伊始，就开始注重专业特色的培育。结合国家大力发展冰雪运动的相关政策和东北地区的地域特点，本专业的特色定位于冬季项目人才的培养，其中包括冬季项目管理、赛事及运营；冬季项目社会体育指导员的培养两大方面，围绕特色定位开展教学与训练。经几年的建设已经实现了趣味性、观赏性、专业性相统一，课堂教学与课外活动相结合，冰期、雪期与非冰期、非雪期相衔接的教学特色。

### （一）教学手段和教学资源

在教学实践中，建立教学、训练和实习基地，为高质量地完成教学训练工作提供了可靠的保障，也使学生熟悉冬季项目及雪场的管理及其流程；充分发挥东北大学在网络资源方面的优势，建立网站，将最新的滑雪、滑冰、轮滑等比赛信息和视频上传至网站，供学生观摩。同时，建立讨论区，学生在网上可以随时与教师交流，学习技术；充分发挥体育部现代教育技术的优势，制作更多、更好的教学课件，使教学的课内与课外、学生的自学与教师的教学有机结合。

### （二）教学内容

根据特色定位，贴近社会需求，增加与冬季项目相关的课程建设，开设冬季项目的理论和实践教学，提高学生的专项素质，同时也开设了诸如冬季项目赛事管理运营、滑雪场安全管理与救援等课程。以兴趣为切入点，不断完善和丰富冬季项目的教学内容，理论教学与实践教学相结合，使冬季运动项目的教学与轮滑课教学有机结合在一起，实现突破冬季项目受气候条件制约的瓶颈。

### （三）师资队伍建设

整体提高教师的学历和教学水平。目前，体育部从事冬季项目教学的教师全部具有硕士学位；年龄结构上，以中青年教师为主；从学缘结构看，整个团队既有专业交叉，又有知识结构的互融，有利于教师之间相互学习、取长补短；任课教师中有国际级裁判、国家级裁判，多次执裁国内外各级赛事。同时，体育部定期组织专业技术进修，以保证高质量完成教学任务。

### （四）课内教学与课外活动

探索课堂教学与东北大学滑雪俱乐部、滑雪协会、轮滑社良性互补的课内外相结合的方式，充分发挥各俱乐部、学生社团第二课堂的功能和优势；为学生创造机会，参与各种冬季项目赛事的组织与策划，并到各大雪场实习，参与管理。

## 第四节　体育研究生教育

### 一、基本概况

2004年，东北大学体育人文社会学硕士点开始招生，该专业旨在培养具有体育学及相关学科的基本知识和专业知识，有独立从事本专业的教学、训练、科研、管理的能力。包括体育社会学、社会体育理论、体育管理理论与方法、体育产业与开发、学校体育五个方向。

2010年，体育教学专业硕士开始招生，该专业旨在培养德、智、体、美全面发展，专业基础宽厚，具有现代教育观念、良好科学素养和职业道德以及具有创新精神和实践能力，能从事学校体育与健康的教学、训练、竞赛工作，并能从事学校体育科学研究工作、学校体育管理工作及社会体育指导等工作的一专多能的复合型人才。

2015年，体育学专业开始招生，该学科涉及与体育有关的社会热点学科领域，有体育人文社会学、体育教育训练学、民族传统体育学、运动人体科学等学科方向，主要培养具有体育学特长和扎实的专业知识、研究能力，能够掌握本专业的基础理论和基本技能，具有体育教育训练学和相关学科的基本知识和专业知识的高层次人才。

## 二、培养目标

### （一）体育学（学术型）硕士研究生

培养热爱祖国，拥护中国共产党的领导，拥护社会主义制度，遵纪守法，品德良好，诚实守信，身心健康，具有良好的科研道德和敬业精神，具有服务国家、服务人民的社会责任感，掌握体育学学科坚实的基础理论和系统的专业知识，具有创新精神、创新能力和从事体育科学研究、教学、管理等工作能力的高层次学术型专门人才。

### （二）体育教学（应用型）硕士研究生

培养热爱祖国，拥护中国共产党的领导，拥护社会主义制度，遵纪守法，品德良好，具有服务国家、服务人民的社会责任感，掌握体育教学领域中的专业理论，熟悉体育教学领域中重大问题产生的原因、表现形式和发展动态，具有较强的运用现代科学理论和方法解决体育运动实际问题的能力，能够胜任体育教学领域的实际工作，具有良好职业素养的高层次应用型专门人才。

## 三、课程建设

### （一）合理设置课程，突出培养特色

东北大学体育部硕士学位授权点获得至今，所有的课程设置都紧紧围绕教育部颁发的《体育硕士培养指导性方案》开展，体育部研究生的课程学习实行学分制，课程总学分不少于30学分，分为公共课、学位课、选修课，其中必修课（公共课与学位课）不少于19学分，同时设置多个必修环节，包括科学精神与文化素养教育（1学分）、学术活动（1学分）、专业实践（学术型研究生1学分，专业型研究生8学分）。

公共课包括：马克思主义与社会科学方法论（1学分）、新时代中国特色社会主义理论与实践（1学分）、硕士外语（1学分）；

学位课包括：体育经济学（2学分）、体育教学论（2学分）、体育社会学理论与研究方法（2学分）、体育科研方法论（2学分）、体育竞赛组织与裁判方法（2学分）、体育原理（2学分）、运动训练理论与方法（2学分）、奥林匹克运动（2学分）；

选修课包括：游泳专项技术与教学方法（2学分）、大球专项技术与教学方法（2学分）、小球专项技术与教学方法（2学分）、冰雪专项技术与教学方法（2学分）、武术专项技术与教学方法（2学分）、田径专项技术与教学方法（2学分）、健美操啦啦操专项技术与教学方法（2学分）、跆拳道拳击专项技术与教学方法（2学分）、体育史（2学分）、运动贴扎与包扎（2学分）、民族传统体育（2学分）、冰雪运动（2学分）、高尔夫运动（2学分）。

通过课程学习和实习实践，使学生掌握从事体育教学、运动训练、竞赛组织及社会体育指导等工作的基本理论、基本技术、解决实际问题的方法和技能，并培养学术道德、专业素养和职业精神。

体育教学专业硕士开设游泳、篮球、武术、运动贴扎与包扎等专项技术类课程，尤其是有着东北特色的国家级精品课、教育部资源共享课称号的滑冰、滑雪课，都充分体现了实践环节在硕士研究生的培养中占有的特殊地位。

## （二）规范教学大纲，提高教学质量

东北大学体育部按照教育部教学大纲要求制订研究生课程教学大纲，其中包括了课程名称、课程编号、学时、学分、教学方式、开课学期、授课/组织单位、考核方式、适用专业、课程教学目的、教学内容及学时分配、参考文献等项目；同时制订出研究生教学日历，对每周的学时、教学大纲分章和题目名称、教学内容进行合理、科学的安排，有利于体育硕士研究生教材和教学参考书的选编、授课计划的制订、成绩考核、教学检查及课程评估的有效开展。

## （三）创新教学方法，培养学生能力

高效率教学始终是东北大学体育部探索的方向和研究的主题。在研究生教育教学中运用团队学习、专题讨论、现场教学、案例分析等方法提升学生的应用能力，包括在运动训练学课程中分成多个团队进行体能训练方面的学习、在体育社会学课程中以专题形式进行讨论学习、在奥林匹克运动课程中排演教学戏剧、在运动贴扎与包扎课程中进行关节与肌肉损伤的案例分析教学，等等。此外，学术交流也促进了教学方法的创新和提升，邀请首都体育学院王宝成教授对全体教师、研究生进行了运动训练专题讲座，邀请吉林大学数字建模专家方佩辰教授讲授的"体育运动的建模分析方法"专题讲座。

### （四）加强学风教育，健全处罚机制

学风是凝聚在教与学过程中的精神动力、态度作风、方法措施等，不同的学校表现出不同的特点，具有独有的特色和丰富的内涵，并通过全体师生的意志与行动，逐步地形成和固化，成为一种传统和风格。加强学风教育，是提高人才培养质量的重要措施，优良的教风学风是保证教学质量的重要条件。

为巩固和扩大学术道德和学风建设教育成果，体育部根据体育专业研究生特点以多种活动形式在研究生中开展了学术道德和学风建设教育活动，如辩论赛、演讲、讲座等"学术道德与学风建设"主题系列活动。

为了维护学术尊严，倡导严谨踏实的学风，营造有利于科学研究和学术创新的学术氛围和制度环境，进一步提高人才培养质量，体育部体育专业研究生学位论文管理严格按照《中华人民共和国学位条例》、教育部《学位论文作假行为处理办法》（教育部令第34号）以及《东北大学关于切实加强和改进学风建设的意见》（东大学科字〔2012〕7号）的要求执行。

## 五、导师队伍建设

截止到2022年12月31日，体育部硕士研究生导师队伍及其基本情况如下。

（1）陈松，1963年7月11日出生，教授，中共党员，硕士生导师，职务：体育部主任。

1980—1983年在沈阳市八十三中学读书，1983—1987年在东北师范大学体育学院学习篮、排球专业，1987年7月毕业并被分配到东北大学体育部任教。1998年经学校批准去澳大利亚悉尼科技大学商学院攻读硕士学位，所学专业为工商管理硕士（MBA）。2001年底取得学位并回到东大体育部继续任教。2005年考入东北师范大学体育学院体育教育训练学专业，攻读博士学位，2010年获得博士学位。在多年的工作和学习期间，主编和参与编写了5部著作，主译了1部著作，并在核心期刊上发表了多篇学术论文。参与教育部国家级课题3个，现均已结题，获得3项专利发明。

在裁判工作方面，是中国速度滑冰裁委会委员，速度滑冰国际级、沙滩排球国家级裁判。2008年作为北京奥组委沙滩排球项目管理团队成员之一，参

加了北京奥运会。2009年在山东参加了第十一届全运会沙滩排球的裁判工作。2010年参加了广州亚运会沙滩排球的裁判工作。2011年参加了深圳世界大学生运动会沙滩排球的裁判工作。2010年参加了亚洲速度滑冰锦标赛的裁判工作。2012年参加了在日本举行的青年世界杯速度滑冰总决赛的裁判工作。

（2）陈家鸣，男，1965年9月出生，教授，中共党员，博士。1988年7月毕业于沈阳体育学院体育教育专业，获教育学学士学位，1993年9月赴北京体育大学助教进修班学习，1995年5月14日加入中国民主同盟，1999年9月赴上海体育学院研究生部硕士学位班进修，获教育学硕士学位，2000年7月担任体育部教研中心主任，2010年晋升为教授。2003年6月20日加入中国共产党，2003年7月被国际滑联批准为速度滑冰国际级裁判员，2004年7月被评为东北大学首批体育人文社会学硕士生导师。2004年3月国际冬季两项联盟批准为国际级裁判员。2002—2004年度和2006—2008年度东北大学优秀教师，2005—2008年于北京体育大学研究生院学习并获教育学博士学位。

1988年任教至今，先后教授排球、武术、拳击、网球、轮滑、滑冰、滑雪、游泳（及救生）等公共体育和社会体育专业技术课目，是滑冰课的教学改革和创建省级精品课及双语教学的主力；2002年开办社会体育专业后，在担任公共体育课的同时还承担了社会体育学、体育管理学、体育社会学和体育英语等专业课的教学任务，且能够熟练运用多媒体教学手段进行双语教学，教学效果良好，受到同行专家和学生们的好评。

自20世纪90年代以来，先后在本专业杂志和核心期刊上公开发表学术论文20余篇，参加编写《网球教程》一书和撰稿并编导了《拳击教程》《学轮滑》双语电化教学片；全文翻译《业余泰拳竞赛规则》和我国滑冰协会一直使用的国际滑冰联合会《速度滑冰章程和总则》，并且连年承担《速度滑冰竞赛规则》修改后的翻译、整理工作；主编《体育娱乐与健康概论》和《现代休闲体育理论研究与方法论》。

（3）俞丽萍，女，教授，中共党员，硕士生导师，啦啦操国际级裁判，啦啦操金牌导师。1986年毕业于沈阳体育学院体育教育系艺术体操专业，同年分配至东北大学体育部任教，现工作于东北大学体育部综合教研室。主要研究方向为学校体育教学与训练。

现从事公共体育健美操课、社会体育专业健美操课和社会体育专业体育科研方法课、体育学研究生体育科研方法课的教学工作，并兼任东北大学啦啦队教练员工作，带领东北大学啦啦队参加各级比赛和各类表演，多次获得全国啦啦操比赛分站赛和总决赛的冠军，辽宁省高校啦啦操比赛一等奖。主编出版健美操、健美操CAI课件、体育科研方法等多部著作，其中由东北大学教务处立项出版的教材《体育科研方法基础教程》入选辽宁省"十二五"普通高等学校本科规划教材。同时主持和参与多项省级和国家级科研项目的研究工作，曾获东北大学教学成果一等奖、冶金部教学成果二等奖、沈阳市优秀青年教师、东北大学优秀共产党员、三八红旗手、东北大学"我最喜爱的教师"、东北大学本科毕业设计优秀指导教师等荣誉称号。

（4）梁青，1965年出生，教授，中国民主同盟盟员，硕士生导师，田径国际级裁判员，国家羽毛球社会体育指导员职业资格鉴定考评员。1987年毕业于沈阳体育学院体育教育系田径专业，同年分配到东北大学体育部任教，现工作于东北大学体育部小球教研室。主要研究方向为体育教育训练学、体育人文社会学。

自1987年任教以来，先后教授艺术体操、健美操、乒乓球、羽毛球等公共体育课、体育舞蹈人文选修课、社会体育专业大型赛事组织与管理理论课、体育学研究生运动训练学理论课。目前教授公共体育羽毛球课、社会体育专业体育裁判实践课、体育学研究生体育竞赛组织与裁判方法课。

近年来在中国核心期刊发表学术论文7篇；其他公开出版的刊物发表论文20余篇；主编出版《校园交际舞》教材；《校园交际舞》电视教材、《校园交际舞》CAI课件，参编多部教材及著作；主持辽宁省社科基金重点课题、辽宁省体育局课题、辽宁省教育科学规划课题；参与国家社科基金课题1项和多项省级课题；获得2项专利发明。

作为田径国际级裁判员，曾参加了2001年北京世界大学生运动会、2008年北京残奥会、2010年广州亚运会、2011年深圳世界大学生运动会、2014年南京青年奥运会、2015年世界田径锦标赛等大型国际田径比赛的裁判工作。

曾指导学生获得2014年全国大学生体育舞蹈锦标赛华尔兹舞单项冠军、获东北大学研究生毕业设计优秀指导教师荣誉称号、获东北大学"优秀教师"、东北大学"三育人"先进个人，东北大学"三八红旗手"，"沈阳市优秀盟员"等荣誉称号。

社会兼职方面：任中国学校体育研究会体育课程双语教学专业委员会常务理事、辽宁省田径管理中心田径裁判委员会常务委员 、国家羽毛球社会体育指导员职业资格鉴定考评员。

（5）姜晓宏，女，教授，硕士生导师，网球项目评审专家，网球国际级裁判员，辽宁省网球协会理事。主教社会体育指导与管理专业学生的体育竞赛学、网球；通识网球教学及公共体育羽毛球课程教学。

主要研究方向是网球体育教学。从事网球专业教学近二十年，发表网球等方面学术论文20余篇，主编《网球教程》一部、参编《运动竞赛学》一部，主编出版《网球基本技术》教材电教片一部。2017年教授的社体专业网球课程被评为校精品骨干课程，2018年制作"网球教程"慕课，现在中国大学MOOC运行第五期，2019年被评为东北大学第三批校级慕课。2019年"网球课程金课案例"被评为优秀本科教育教学案例优秀奖。

同时，从事公体课羽毛球的教学工作，发表羽毛球教学实用新型专利2项。有着丰富的教学经验，撰写羽毛球教学科研论文。作为"羽毛球教学团队"负责人，2014年获辽宁省普通高等学校优秀体育教学团队。

主持辽宁省社科基金等6项省级课题及参与国家级课题多项，撰写了《现代休闲体育探索与实践》专著1部。

作为辽宁省唯一一名网球国际级裁判员，参加了六届全运会的网球裁判工作，参加2008年北京奥运会及残奥会网球比赛执裁、2008年及2019年温布尔顿锦标赛执裁、2016年及2018年墨西哥公开赛执裁、2018年及2019年马德里公开赛执裁，以及参加中国网球公开赛、上海大师赛的裁判工作。在教授的学生中，已培养了很多技能型学生，参与社会实践工作，锻炼学生的实践操作能力。先后有20多人考取了国家网球一级裁判员证书。

在授课之余，多次带领校网球队参加全国大学生网球比赛，并在2015年获得了女子团体第二名、男子个人第三名的好成绩。

（6）逯明智，男，汉族，辽宁义县人，1965年生，1988年毕业于沈阳体育学院，民盟盟员，副教授，滑雪国际级裁判。主要研究方向为冰雪教学与训练、冰雪产业、体育人文社会学。

近年来在《体育文化导刊》《冰雪运动》《辽宁体育科技》《沈阳体育学院学报》等期刊发表论文20余篇，其中《突出地域特色，加强滑雪课程建设的实践与探索》获2009年辽宁省自然科学学术成果三等奖，《东北大学滑雪课程建设的实践与探索》获2010年辽宁省自然科学学术成果二等奖。2012年出版VCD音像教材《学滑雪》，2011年出版教材《高山滑雪》。主持并参与多项课题，包括辽宁省社科联课题"辽宁温泉冰雪旅游研究"、"从生命教育视角对体育教育价值回归探索研究"、"东北大学公共体育课雪上项目教学实践与创新研究"、"东北大学滑雪课教师教学能力提升研究"等。承担本科生和硕士生滑雪、轮滑、教学论等课程的教学任务。

多年来，一直参与国际国内滑雪比赛的裁判工作；承担辽宁省滑雪赛事组织策划及裁判员的培训工作。2017年以来连续两届作为中国高山滑雪队教练、领队，带领中国大学生高山滑雪队参加第28届和第29届世界大学生冬季运动会的滑雪比赛。

社会兼职：① 全国高等院校体育教学训练研究会常务理事；② 中国大学生体育协会冰雪运动分会常委；③ 国际雪联单板滑雪国际级裁判；④ 沈阳市轮滑协会理事；⑤ 沈阳体育学院外聘硕士生导师。

主要获奖及荣誉：1. 2005年获东北大学"我最喜爱的教师"奖；2. 2012年被国家体育总局授予"全国轮滑运动优秀教师"；3. 2014年带领东北大学轮滑课教学团队获得"中国轮滑运动示范学校"称号；4. 2014年以来带领东北大学滑雪队参加"全国大学生滑雪挑战赛"连续三届包揽男、女及团体冠军。

（7）杜成林，男，硕士，副教授。1991年本科毕业于北京师范大学体育系，同年入职东北大学体育部，2004年获得辽宁师范大学硕士学位，2013年晋级副教授、硕士研究生导师。

主编著作2部，制作电教片1部，发表学术论文30余篇，参加省级以上课题6次，国家精品课程建设1次。曾被授予东北大学"三育人"先进个人，获"十五"科研课题一等奖1次。

带领东北大学男篮参加中国大学生篮球联赛（CUBA）、中国大学生篮球超级联赛（CUBS），大超联赛获得一届全国总冠军、三届亚军；2006年带队参加首届亚洲大学生篮球锦标赛并获第三名；2013年带领中国大学生男篮，参加在莫斯科喀山市举行的世界大学生运动会男篮比赛。两次参加全国大学生运动会篮球比赛，分获四、五名，并被省教育厅授予突出贡献奖。2015、2016、2017连续三年获得中国大学生篮球联赛辽宁赛区冠军。2017年获中国大学生篮球联赛"优秀教练员"。

（8）曲辉，男，1970年11月出生，博士，副教授，硕士研究生导师。1995年毕业于武汉体育学院运动心理学系运动心理学专业，获理学学士学位。1998年毕业于沈阳体育学院研究生部体育理论专业（运动训练方向），获上海体育学院（联合培养）教育学硕士学位。2016年毕业于北京体育大学竞技体育学院体育教育训练学专业，获教育学博士学位。2006年10月至2008年10月，在日本广岛大学大学院教育学研究科研究和学习。

目前主要承担普通本科生足球、社会体育专业本科生运动训练学、体育人文社会学专业研究生体育史等课程的教学任务。曾主讲羽毛球、网球、健美、轮滑、滑冰等公共体育课程和体育产业经营管理、大众传媒概论等社会体育专业课程。

主要研究领域为运动心理学、体育产业经营管理、体育教学与训练，近年来发表相关研究论文10余篇，其中体育类核心期刊4篇；主编或参编著作2部；承担省部级以上课题2项。

（9）曹盛民，1973年3月出生，1997年8月参加工作，男，中共党员，硕士，副教授，田径国家级裁判员，高级拓展培训师，硕士生导师，东北大学小球教研中心主任、党支部书记。

学习与教学情况：1997年7月毕业于沈阳体育学院，获教育学学士学位；1994年参加辽宁大学经济法专业自学考试，1998年获法学学士学位；2005年参加全国研究生统考进入东北大学体育部学习，2008年获得教育学硕士学位；2013年考入东北大学文法学院教育经济与管理专业，攻读博士学位。自参加工作以来，承担乒乓球、羽毛球、网球、足球、篮球、排球、轮滑、滑冰等多项公共体育课教学工作，同时承担社会体育指导与管理专业网球、羽毛球、体育政策法规、学校体育学等课程教学工作，承担研究生小球专项技术与教学方法课程的教学工作。滑冰国家级精品课主讲教师，羽毛球、轮滑校级精品课主讲教师。

科研与获奖情况：先后在各级各类期刊杂志、论文报告会发表学术论文20余篇，其中包括SCI、CSSCI、CPCI和北大核心期刊。主编教材2部，参编教材1部，乒乓球CAI课件多部，制作的《睛彩羽毛球》慕课已在"中国大学MOOC"网和"爱课程"网上线，制作的《炫彩羽毛球》参与开展东北大学在线开放课程建设。主持、参与国家级、省部级科研课题多项。获全国学校体育卫生科研课题一等奖1项，获辽宁省"十五""十一五"教育科学优秀成果二等奖1项、三等奖1项，获东北大学教学成果一等奖1项、二等奖多项，获辽宁省自然科学学术成果二等奖1项、三等奖1项，获中国体育科学学会体育统计分会论文二等奖2项。曾荣获东北大学本科毕业设计优秀指导教师、东北大学"三育人"先进个人等称号。作为裁判员，在田径、网球项目的裁判中多次获得体育道德风尚奖。主要研究方向为体育教育训练学和体育人文社会学。

（10）杨春卉，女，1973年3月26日出生，汉族，辽宁沈阳人，副教授，中共党员，硕士生导师。1995年毕业于沈阳体育学院体育教育系，获学士学位，同年考取沈阳体育学院硕士研究生，1998年毕业，获教育学硕士学位。

1998年至今在东北大学体育部任教。排球国家级裁判员。中国学校体育研究会体育课程双语教学专业委员会常务理事。体育部双语教学小组成员。

曾担任乒乓球、排球、羽毛球、速度滑冰等公共课程的本科教学，从2004年开始承担社会体育专业的社会体育学和体育英语的专业课程教学工作，并担任本科生毕业论文指导教师。2007年被评为东北大学优秀指导教师。在东北大学第四届教学基本功大赛中获优秀奖。

2009年主编出版了《体育英语》一书，其他参与编写的书籍有《大学生篮球排球教学指导》《世界运动竞赛百科全书》等；在全国各类体育杂志上发表论文10余篇；积极参与各项课题的研究，并作为子课题负责人参与了全国教育科学"十一五"规划课题"学校体育促进学生健康素质发展的研究与实践"的研究工作。编制的《排球规则》获中国教育技术协会普通高校体育专业委员会第十一届学术年会二等奖。

2005年被批准为排球国家级裁判员，2005年至2009年一直参加历届全国排球联赛的裁判工作，多次执裁省内的排球锦标赛，省运会的男女排等比赛，在2009年全国青年女排冠军赛中被评为优秀裁判员，2008年辽宁省少年排球比赛中荣获"体育道德风尚奖"。

（11）回军，1976年出生，男，回族，中共党员，教育学博士，副教授，硕士生导师，东北大学体育部社会体育教研中心主任。本科、硕士毕业于沈阳体育学院，博士毕业于北京体育大学。速度滑冰国家级裁判员，篮球、田径国家一级裁判员，高级拓展培训师。先后发表学术论文40余篇，参编教材5部，撰写专著1部，主持、参与科研课题8项，获辽宁省教学成果二等奖1项，辽宁省自然科学学术成果三等奖1项，辽宁省第十届运动会体育科学大会论文二等奖1项。先后荣获东北大学本科毕业设计优秀指导教师，东北大学优秀党务工作者，东北大学优秀教师，东北大学"三育人"先进个人等称号。主要研究方向为体育教育训练学和体育文化，主讲课程有篮球、教育学、体育教学原理、拓展训练等。

（12）孙玉宁，男，1977年1月出生，中共党员，硕士研究生，副教授，东北大学体育部副主任，速度滑冰国家级裁判、排球国家一级裁判。

主要社会兼职：辽宁体育科学学会会员、中国大学生体育协会排球分会会员，从事体育教学以及体育人文方面的研究。曾获得中国大中小学排球科研论文报告会二等奖、辽宁省高校论文报告会三等奖、东北大学优秀共产党员、东北大学社团优秀指导教师奖、东北大学优秀党务工作者、东北大学优秀工会干部、东北大学体育课程教学团队主讲教师。承担社会体育指导与管理本科生"奥林匹克运动"、排球、羽毛球、滑冰等本科生课程。发表学术论文20余篇，撰写学术著作及教材5部，参与制作国家级资源共享课"滑冰"、主编教材3部、主持参与课题7项。

（13）杨海东，1978年出生，副教授，中共党员，2001年毕业于东北师范大学体育学院体育教育专业，同年保送至东北师范大学研究生院攻读课程与教学论专业硕士，2004年毕业到东北大学体育部任教，现任东北大学体育部综合教研中心主任。近年来撰写并独立公开发表学术论文10余篇，主编著作2部、参编2部、译著1部；参与科研项目5项。曾获"东北大学优秀教师"，东北大学"三育人"先进个人，"东北大学优秀学生工作者"，"东北大学优秀团干部"，"五四奖章"等荣誉。2007年获得田径国家级裁判员称号，2012年获得羽毛球国家级裁判员称号，任职以来担任国际级、国家级田径、羽毛球赛事执裁工作20余次，并多次担任篮球CUBA、大超联赛记录台裁判工作，获得"优秀裁判员"称号10余次，在2013年辽宁省举办的中华人民共和国第十二届运动会中获田径、羽毛球两个项目"体育道德风尚奖"。

（14）金刚，男，汉族，1978年出生，民盟盟员，副教授，硕士生导师，教育学硕士，教育部学位与研究生教育评估专家组成员，辽宁省社科联专家组成员，辽宁省足协专家组成员，辽宁省教育厅足球专家组成员，足球国家级裁判员，亚足联C级、英足总3级教练员。2017年经国家教育部、国家留学基金委考核审批，作为访问学者赴英国留学。

科研、学术情况：近年来发表论文30余篇，其中核心期刊10篇，被CPCI检索3篇，完成著作4部，国家级专利2项，主持并完成省部级纵向课题1项，参与完成国家及省部级课题10余项；2011年受香港教育学会邀请，赴香港参加世界体育与社会管理国际学术研讨会，并在大会发言；2017年制作的慕课"足球裁判法"在教育部"爱课程"和"学堂在线"两大网站同时上线开课。

专业、技术情况：教练方面：亚足联C级教练员、英足总3级教练员；2015年作为主教练带领东北大学足球队获"全国大学生足球赛"季军。裁判方面：中国足球职业联赛裁判员，2008年至今执法职业联赛、足协杯、全运会、国际邀请赛、城运会等比赛上百余场，2012年受中国足协委派赴韩国执法韩国足球职业联赛。多次参加国际足联、亚足联、中国足协裁判员培训班。现为辽宁省教育厅足球赛裁判长。

（15）赵崇乐，1979年出生，男，中共党员，博士，副教授，雪橇国际级裁判员，教育部学位与研究生教育评估专家组成员，硕士研究生导师，东北大学体育部研究生教研中心主任。

学习教学情况：2002年毕业于东北师范大学体育学院，获教育学学士学位；同年保送东北师范大学体育学院攻读硕士学位，2005年获教育学硕士学位，后继续攻读博士学位，2010年获教育学博士学位。2010年至今在东北大学体育部任教。任教以来，一直承担公共体育篮球课，社会体育与指导专业体育管理学，硕士研究生体育原理、体育管理学基础与应用等课程教学工作。2016年9月经教育部审批、国家留学基金委资助作为访问学者到美国亚利桑那州立大学留学。

科研情况：在全国各级各类学术期刊发表论文20余篇，其中CSSCI和北大中文核心期刊7篇，国家级专利2项。作为副主编参编教材3部，并出版著作《体育审美教育论》。主持完成"终身体育理念下体育审美教育观构建研究""体育审美教育视域下体育教学艺术化设计研究""伦理学视野下我国竞技体育文化建设""我国公共体育服务供给侧结构性改革中的政府激励工具研究"等4项省部级课题，参与国家、省部级课题数项。2020年制作的慕课"篮球团队合作与实战应用教程"在教育部"爱课程"和"中国大学MOOC"网同时上线。

获奖情况：曾多次获东北大学优秀教师、优秀班导师、"三育人"标兵、优秀共产党员等荣誉称号，并在2016年东北大学青年教师教学基本功竞赛中获二等奖。

（16）贾海波，1981年出生，男，中共党员，教育学硕士，副教授，硕士生导师。2003年毕业于沈阳体育学院运动训练专业，获学士学位；2011年毕业于东北大学体育人文社会学专业，获硕士学位。现任体育部大球教研中心党支部书记、社会体育指导与管理教研中心副主任。

近年来在各级学术期刊发表论文10余篇，其中SCI和中文类核心期刊4篇。作为副主编参编东北大学研究生立项教材1部，普通高等教育"十三五"规划教材1部，并出版著作《高校体育教学理论与实践发展研究》，参与科研课题5项，2019年参与制作的"篮球"慕课完成上线。

主要从事高校体育教学、运动训练等方面的研究。主要讲授公共体育课"篮球"、社会体育指导与管理专业课"社会体育学""专业概论与职业发展"等课程。曾获"东北大学本科毕业设计优秀指导教师""东北大学工会积极分子"等荣誉称号。

（17）孙哲，1989年10月出生，男，九三学社成员，体育教育训练学博士，清华大学博士后，硕士研究生导师，乒乓球国家二级运动员，网球国家二级运动员，篮球国家一级裁判员。

教育及工作经历：2011年毕业于北京体育大学教育学院，获教育学学士学位；同年进入北京体育大学研究生院攻读硕士学位，2013年获运动训练专业硕士学位；继而进入东北大学体育部任专任教师；2015年考入北京体育大学研究生院继续深造，于2018年获得体育教育训练学博士学位；博士毕业后被召入清华大学博士后工作站进行交流学习，并于2020年11月出站。自2013年任教以来，一直承担东北大学公共体育课教学工作。

科研情况：在学术期刊、科学会议上以第一作者身份，发表学术论文10余篇，其中在《中国体育科技》《西安体育学院学报》《成都体育学院学报》《首都体育学院学报》《沈阳体育学院学报》等体育类核心期刊发表CSSCI论文5篇，核心1篇。以第一负责人主持省部级重点课题1项，校级课题2项；参与研究国家重点社科基金项目2项、科技部重大项目1项、省部级课题2项；出版著作《2015年辽宁体育产业研究报告》1部。2020年制作的慕课"乒乓球基础课程教学"在教育部"中国大学MOOC"上线，参与学习人数已突破3000人次。

获奖情况：东北大学体育部青年教师教学基本功竞赛获二等奖。

社会兼职：辽宁省篮球运动协会青少委副主任、沈阳市篮球协会副秘书长。

（18）毛羽鹏，1987年出生，男，中共党员，讲师，硕士研究生导师，短道速滑运动健将，速度滑冰国家级裁判员、冬奥组委国内NTO技术官员，东北大学体育部课外竞赛中心主任。

科研情况：以第一作者及通讯作者发表SCI检索学术成果8篇（其中JCR1区4篇，总影响因子超过25）。建立东北大学体育部"微纳智能体育"多学科交叉领域研究。与国内多所知名体育类高校、科研院所教授及博士生导师团队合作，创新性地将表面传感和小尺度压电、摩擦电效应相耦合与冬奥项目、大学生身体素质的运动监测结合展开研究。作为主持人，承担"冬季运动项目的运动训练监测"横向进款18万元，主持完成省级课题"构建机械电子工程专业体育教育模式研究"，参与国家、省部级课题数项。2021年入选"兴辽英才计划"青年拔尖人才团队，为团队第三成员。

学生培养：自2018年建立"微纳智能体育"研究团队以来，一直协助硕士生导师指导研究生，研究生科研成果颇丰（多篇SCI及核心论文发表）。其中，2019年以研究成果"自供电生物运动监测传感器"为题指导学生获全国第二届体育产业创新创业大赛东北赛区二等奖。2021年与东北大学创新创业学院合作指导学生以"户外便携式户外多功能运动套装"为题，获第十五届"挑战者"杯辽宁省科技发明B类奖并晋级国赛。

# 第三部分

# 东北大学
# 体育科研

# 第八章　论文篇：东北大学体育部 教师优秀论文汇总

## 一、全文论文

### 🍂 东北体育之将来 🍂

郝更生

《东北大学六周年纪念增刊》 1929年

东北大学体育之成绩，自1929年5月间第十四次华北运动会举行后，即声闻于全国。近复与德日国际选手争雄于一场，尤有相当之树立。不可谓非我国体育史上之一新纪元。兹值本校六周年纪念，周刊发行特号之际，编辑部索稿于余，余焉能不将余对于东北体育将来之希望，略陈于左，愚者一得，或能供同仁中热心体育者之参考欤？（按稿中一部分意见，曾于1929年10月8日在东北大学工学院刊《体育与生活》上发表，并此说明。）

教育之意义，空泛言之，系"助人类之发达以适于世界进化之一种作用。"分析言之，则为谋人类治身，处心，临事，立家，利人，爱国，繁殖等方面之适当发展，所以求生活之完美及种族之优荣也。其设施程序，今则常分为德育、智育、体育、群育四种。体育所以认为教育之一种者，亦以近世生活渐复杂，科学日昌明，对于人类身体构造之背景及其运用之原则，知之较详而环境推移适者生存之天演定律，尤有不可忽略之势。是以人类对于体格方面，若不有相当之教育，则其他教育虽有充分之承受，然于事业前途，终不免有"力不从心"、"难胜此任"之叹。此近代东西各国于教育设施中，对于体育，力谋普及力谋深造之根本意义。在今日我国国民意识中，"体"与"育"二字能联贯而成为一种专门名词者，亦以此。惜我国体育提倡，虽有三十年之历史，而其成效，则既微且缓，所谓"体育"设施，在人民生活中，无深刻之需要；在社会组织上，无积极之影响；至于体育学术方面，又缺少"有系统"之研究；提倡者虽高呼"体育"为整个教育程序中一部分，应同时同样发展，乃教育界本身从来予"体育"以相当之位置及相当之提携，至今日，所谓"体育"教育，每偏于技能方面之发展，而国民对于"体育"训练及设施之本旨，同情益少！值此国家内忧外患危急存亡之时，任何事业，亟待努力，尤赖国民脑力与体力之合作而成。仅有体力，而无健全脑力之指示，固难言成功；徒有脑力，而无健全体力使脑力所指示者充分实现，亦不免"空中楼阁"、"镜花水月"之讥。不观欧战后之德国乎？忧患余生，力谋自振，而对于体育，尤有充分之信仰，及力谋其发展，其总统辛登堡氏，今年已八十有二，犹终日勤劳于国事，凡国内重要集会，皆躬自参加，胸高背直，健走如少年，其对于德国国民体育之观念，尤为深刻，曾谓"体育运动，为国民义务之一种。"其语气之严重，可深长思矣！今日距欧战告终，仅十年耳，德国之工业日渐发展；对于科学上之发明，日新月异；国家经济与外交之状况，亦因之而改善；此岂脑力或体力不健全之国民所能想像？即以最近之中日德运动会言，德国选手仅15人，其实力直可压倒3倍以上之中日选手而有余。且15人中，不皆为生活单纯之在校学生，医生与教员有之，商人军人，亦有之，实业家与书记，亦无不有之。由此可知德国国民体育普及与其深造之程度，此岂一朝一夕之事哉？

我国关于体育方面之训练功效，虽在黄帝以前，即早有所认识，及有所发明：阴康氏以舞消肿，以体育训练代医药者也。周时"六艺"，射御寓焉。秦汉以远。亦间有所发明，然教育上所占之地位实少。及乎唐宋，科举兴，文风盛，所谓研究体育者，亦不过深山之僧道及陋巷之义侠耳。自此以后，关于体育上之设施，则君主忌惮，文人不言。盖以其勇而好斗，仗义轻生也。明末清初，我国体育方面所存者，仅儿童之游戏（打秋千、踢毽子、放风筝……）及武士之拳术（少林、弹腿、八段锦等）。至于体育文字方面，虽有颜元、陆世仪、吕留良、黄黎洲等之著作，然社会心理，已不认体育为教育之一种。及至清朝末年，新式教育，输入国中，我国教育家以为体育系新式教育中之附带品，既提倡新式教育，则对于体育，亦不得不稍事模仿，但于体育之真理，却未尝深求，以致新式体育输入以来，学校中稍能运动者，每多习气恶劣，举止轻狂，此无他，盖未能依教育原理以发展其体育也。至此，我国新式体育方面之过去事迹，较旧有者更无令人了解及信仰之处，盲人瞎马，可危孰甚，甚至游艺场中生活卑劣之大力士，及目不识丁之卖武艺者，皆戴以"体育家"之头衔。噫！所谓"体育"，所谓"体育"之本旨，岂如斯耶？岂如斯耶？

东北体育，经年来之提倡，有一鸣惊人之势！近且对于体育设备方面，力谋发达（如建筑体育场及体育馆等），对于体育人才训练方面，亦有相当之进展（如倡办体育专修科，聘请国外指导员等）。兼以地理关系，气候爽健，来学者又多为北方之强，体格较全，将来有造于国家者，岂可限量？虽然，教育事业，非易事也！"百年树人"教育之行程，迂矣缓矣，"失之毫厘，差以千里"。教育之设施，险矣难矣！

然则今后东北体育之设施，究应何如？曰"普及"与"深造"而已。"普及"所以向横面谋平均发展；"深造"所以向直面求精确研究；"深造"为谋"普及"之手段，而"普及"则为"深造"之根基。两者实互相因果者也，兹先言谋体育普及步骤：

①应充分利用天然环境，常举行各种天然运动，如远足、登山、游水、走雪、跑冰等。

②应添设全校体育必修课程。（每周两小时，以一学分计算，非考试及格者不得升级或毕业，教材须统一，设备须完全，在此项计划未筹备成熟前，男同学方面不妨先以军操代之，处此强邻压迫之际，军操在教育上之价值，或较在任何时期为重要。）

③应多举行级际间之各种运动比赛，俾每个人皆有参加比赛之机会，此种比赛，种类愈繁愈好，次数愈多愈好。

④应多讲演或宣传个人卫生之简要原则，及生理上之意义，俾每个人皆能了解生活之常规，及其与体育训练上之关系。

⑤应多提倡各种课余运动，如团体游戏、球类、国技、田径赛、滑冰、拔河、角力、打拳、野跑、风筝、拉铃、空钟、毽子、射箭、双杠、木马、柔软操等，一俟上列任何运动之普及程度增高时，即举行级际或其他小团体之比赛。如饭厅中桌际间比赛、宿舍内房际间比赛及各同乡会比赛等，俾各种运动本身之兴趣，得因比赛而增高。

⑥应常举行全校同学体格检查及医学检查。体格检查，所以验明各个人体格上发育之程度，及其有无残缺或不圆满之处，俾可以藉特种体育运动而改进之；医学检查，所以验明身体上各种器官是否健全，而定各个人对于一切体育运动之取舍。（体格检查，最好于每学期之始末举行之，全年共四次；医学

检查，于每学期之始举行之，全年共两次。）

以上所述，系谋一校体育普及方面步骤之概要也，至于谋一校体育成绩之深造，亦常有几种原则：

① 应根据级际比赛或他种小团体比赛之结果，而选择参加一切较大的团体或代表校队之人才，俾成绩优良者，有进一步研究之机会，惟一经参加较大团体或校队之后，即不应再参加一切小团体或级际比赛，所以表示优异而勉励其深造也。

② 应选择各项运动中特殊分子，对于技能或训练上有心得者，组织各项运动之"领导班"，以领导程度较低者。此种办法，既可为学校体育行政上减轻一部分指导责任，又可使领导者本身得不少教育上的经验。

③ 应多聘请国内外各项体育专门研究者担任指导及组织事宜，俾成绩优良及有特种天才者，可自然产生，而同时予以深造之机会。

④ 应多参加各种校际、城际、省际、区际、国际间之比赛，同时在校内应常有各项运动之表演（如器械操、团体游戏、国技、化装滑冰等表演）。

⑤ 应对于各种比赛规则，常有公开之讲演或说明，俾比赛时各项规则，皆可严厉执行，无形中可以增高比赛本身之兴趣，且可使参加比赛者技能上有相当之进展。

⑥ 应扩充体育专修科男女生学额，俾使有志体育者，得有专门研究之机会，亦所以促进体育教育化、科学化、专门化也。将来东北及全国体育之进展如何？端赖此辈努力。

体育设施上普及与体育成绩上深造之因果图如下。

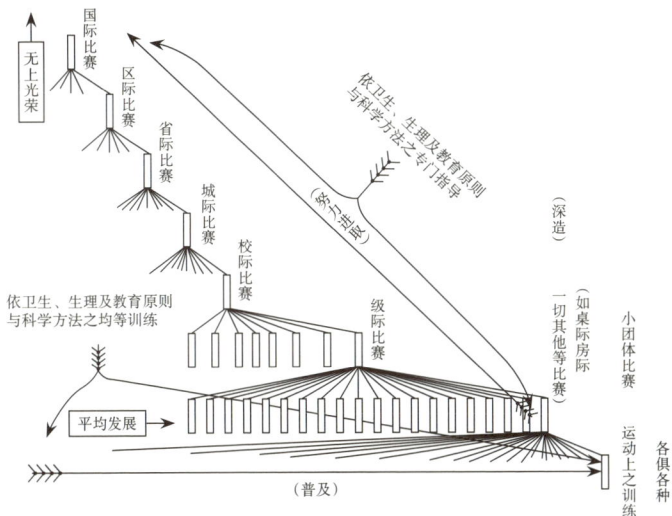

东北体育将来果能从上列两方面谋发展，则全校青年，必能依生理、卫生、教育原则与科学方法，增值其体育根基，必能依个人兴趣所及藉各种体育上所得之训练，而养成各种体力上之技能（如善走、善跑、善击、善接等）、游戏运动上之习惯（如喜登山、涉水及其他户外活动等）及性情上之美德（如耐劳、努力、合作、服从等）。及其服务社会国家时，更必能利用其在校所养成之有价值、有兴趣之种种游戏运动，以消磨其业余光阴，保持其体质坚强、精神康健，及其他体育训练所能养成一切美德上之进步也。至于因竞争比赛能为母校、为国家得无上的光荣尚属余事也。盖圆满体育之发展，其成效正应如上所述，兹略举圆满

体育之运动可影响于吾人生活者如下：

① 圆满之体育运动举行时，可使吾人循环系有圆满之活动。（心跳加速，血压增高。）

② 圆满之体育运动举行时，可使吾人呼吸系有圆满之活动。（增进肺中所生之"氧"，而使其胜过所出之"二氧化碳"。）

③ 圆满之体育运动举行时，可使吾人消化系及排泄系有圆满之活动。（运动后食量可以增加，运动时汗流浃背，可使身体中不能消化之废物，尽量送出）。

④ 圆满之体育运动举行时，可使吾人肌肉及骨骼有圆满之活动。（身体各部分肌肉及关节运动时，皆有相当之努力及发展。）

⑤ 圆满之体育运动举行时，可使吾人神经系有圆满之活动。（运动时，每能使脑力舒展，常感觉环境之优美及生活之丰富。）

⑥ 圆满之体育运动本身，常能启发吾人游戏之天性。

⑦ 圆满之体育运动本身，可使吾人改善一切"千篇一律"之环境，而使其变化有趣。

⑧ 圆满之体育运动本身，可常引起吾人生活中之客观的兴趣，而使工作之精力有充分的休息，以备工作时之运用。（工作效率增加）。

⑨ 圆满之体育运动本身，可矫正吾人身体上一切不良之姿势，并可使身体各部分平均发展。

⑩ 圆满之体育运动举行时，至少可使吾人得到一种有目标之训练。如"警敏""精确""轻快""支配""合作""进取"等精神之实现。

⑪ 圆满之体育运动举行时，可使吾人情感及态度得充分表现，且为一种最自然无遮饰者，盖人之真性情，最易流露于手舞足蹈之时也。

⑫圆满之体育运动，于适宜环境中举行时，可巩固或增进吾人德育上之训练。换言之，受真正圆满体育训练者，其举动应活泼高尚，其态度应光明天真，其志向应诚恳坚毅，当其服务社会国家时，必能实现其所能，如以跑百米之速度及精神，救人于火势正炽之楼上；或以赛五十米游泳之速度及精神，济人于水流正激之河中；更能以合作之性情，接物待人；以勇敢之决心，保卫国家；以服从评判之习惯，服从社会上之公理；以夺得一时锦标之毅力，夺得毕生洁己，保身，力行，好学之美名。

依上所述，圆满体育之发展，可以改进吾人之生活者如此；可以影响于民族精神者如此；可辅助其他一切教育之实现者又如此。值此内忧外患国势飘摇之时，吾人对于体育之提倡，自不能不有较深较切之信仰。惟国内今日教育状况，是非黑白光怪淋漓维持收拾且不暇，何言建设，故一般学校中圆满体育之发展，已成画饼；乃我东北，对于体育上之设施，竟能猛勇前进，一日千里，此吾人不能不为东北贺！不能不为全国体育前途贺！更不能不盼东北对于今后之体育，力从圆满方面发展，而使吾人所希望"东北体育之将来"早日实现也。东北！东北！努力！努力！

## 二、近年来体育部教师发表论文情况

### 1. 李震中的篮球生涯及其对我国篮球运动的贡献

兰台世界. 2014，（34）北大核心

杜成林

东北大学体育部

### 2. 铁桥三梁坤对后世南拳的影响

兰台世界. 2014，（33）北大核心

沈　钟

东北大学体育部

### 3. 乒乓球反弹动态特性的仿真研究

计算机仿真. 2014，31（10）北大核心 CSCD

杨春卉[1]　袁志华[2]　梁振刚[2,3]

1. 东北大学体育部　2. 沈阳理工大学装备工程学院　3. 北京理工大学机电学院

### 4. 著名体育教育家夏翔的赤子情怀

兰台世界.2014，（28）北大核心

杨海东　陈　松

东北大学体育部

### 5. 张学良的体育教育思想探析

兰台世界.2014，（16）北大核心

回　军

东北大学体育部

### 6. 体育报道娱乐化倾向探究

新闻战线.2014，（5）北大核心

徐拥军[1]　张金钢[2]　吕　波[1]

1. 东北大学体育部　2. 中国防卫科技学院

### 7. 我国网球运动员培养制度的发展取向研究

山东体育学院学报.2014，30（2）北大核心

姜晓宏[1]　李　彦[2]　邰　峰[3]

1. 东北大学体育部　2. 山东体育学院　3. 辽宁师范大学体育学院

### 8. 我国高尔夫职业赛事发展的对策研究

沈阳体育学院学报.2014，33（2）北大核心CSSCI

姜晓宏[1]　邰　峰[2]

1. 东北大学体育部　2. 辽宁师范大学体育学院

### 9. 中美体育产业管理专业本科课程体系比较

北京体育大学学报.2014，37（1）北大核心CSSCI

金　刚[1]　张　岩[2]

1. 东北大学体育部　2. 中国人民大学体育部

### 10. 退役运动员易患伤病挖掘分析模型仿真

科技通报.2013，29（12）北大核心

杨春卉

东北大学体育部

### 11. 孙禄堂对内家拳发展影响窥探

兰台世界.2013，（34）北大核心

王晓东

东北大学体育部

### 12. 第26届男篮亚锦赛中国队与对手攻防技术指标的对比分析

沈阳体育学院学报.2013，32（2）北大核心 CSSCI

回　军[1]　甘荔桔[2]　白　莹[1]

1.东北大学体育部　2.沈阳体育学院研究生部

### 13. 构建主义发展观对我国女子网球发展战略调整的导向作用研究——对我国女子网球奥运成绩下滑现象的思考

沈阳体育学院学报.2013，32（1）北大核心 CSSCI

姜晓宏

东北大学体育部

### 14. 普拉提运动对改善男大学生O型腿的效用研究

沈阳体育学院学报.2013，32（1）北大核心 CSSCI

李　迪[1]　孙　贺[2]　于海亮[2]

1.东北大学体育部　2.沈阳师范大学体育科学学院

### 15. 先秦时期我国儒家六艺之教的体育思想探析

兰台世界.2012，（33）北大核心

赵崇乐

东北大学体育部

### 16. 论影响葡萄糖在骨骼肌和心肌中转运的因素

沈阳体育学院学报.2012，31（5）北大核心 CSSCI

陈　松

东北大学体育部

17. 高水平职业篮球赛季准备期力量训练新探——以NBL联赛总冠军江苏同曦为研究对象

北京体育大学学报.2012，35（6）北大核心CSSCI

王　艳[1]　崔万军[2]

1. 东北大学体育部　2. 辽宁省篮球运动管理中心

18. 对元体育学的学科性审视

沈阳体育学院学报.2011，30（4）北大核心

王晓东

东北大学体育部

19. PBL教学法培养篮球选项课学生角色实践能力的实验研究

沈阳体育学院学报.2009，28（3）北大核心

王　艳

东北大学体育部

20. 乒乓球技战术实施中的路径依赖性分析

沈阳体育学院学报.2009，28（3）北大核心

陈家鸣[1]　闫　杰[2]　李玉新[3]

1. 东北大学体育部　2. 沈阳建筑大学体育部　3. 北京大学体育教学部

21. 体育彩票忠实消费者与一般消费者的比较研究

天津体育学院学报.2006，（2）北大核心CSSCI

曲　辉　王学满

东北大学体育部

22. 张之江与近代中国传统武学

兰台世界.2014，（28）北大核心

刘　野[1]　赵崇乐[2]

1. 长春师范大学体育学院　2. 东北大学体育部

### 23. 运动休闲特色小镇建设：逻辑起点、概念模型和功能定位

体育文化导刊 . 2018，（2）北大核心 CSSCI

季朝新　王一博

东北大学体育部

### 24. 北京冬奥会对群众体育发展的影响

体育文化导刊 . 2016，（1）北大核心 CSSCI

逯明智

东北大学体育部

### 25. 我国高校高水平运动队演进阶段划分与发展趋势分析

体育文化导刊 . 2018，（1）北大核心 CSSCI

陈　松

东北大学体育部

### 26. 大学生参与体育赛事志愿服务动机研究

体育文化导刊 . 2017，（2）北大核心 CSSCI

王兴华

东北大学体育部

### 27. 体育锻炼坚持性、锻炼成瘾与特质流畅关系的研究

沈阳体育学院学报 . 2017，36（4）北大核心 CSSCI

曲　辉[1]　姚家新[2]　石建国[1]

1. 东北大学体育部　2. 天津体育学院健康与运动科学系

### 28. 里约奥运会中国奖牌特征分析及其启示

成都体育学院学报 . 2017，43（3）北大核心 CSSCI

孙　哲[1,2]　陈　亮[3]

1. 清华大学体育部　2. 东北大学体育部　3. 大连理工大学文法学院

### 29. 我国"教练员—运动员关系"理论研究：历程回溯与体系构建

南京体育学院学报（社会科学版）. 2016，30（2）北大核心

解 欣
东北大学体育部

### 30. 我国职业篮球教练员工作绩效评价模型的构建研究

沈阳体育学院学报. 2019，38（2）北大核心 CSSCI

孙 哲[1,2] 刘 波[1] 张佳运[3] 郭 振[1]

1. 清华大学体育部 2. 东北大学体育部 3. 沈阳大学体育学院

### 31. 我国职业运动员权益诉求的障碍和突破

体育文化导刊. 2018，（7）北大核心 CSSCI

杨海东 王一博 邱金芝
东北大学体育部

### 32. 青少年运动员群体规范对团队认同影响初探

沈阳体育学院学报. 2016，35（6）北大核心 CSSCI

梁 青[1] 杜 江[2]

1. 东北大学体育部 2. 沈阳体育学院体育社会科学研究中心

### 33. 运动员动作三维视觉图像准确识别仿真研究

计算机仿真. 2016，33（8）北大核心 CSCD

刘和臣
东北大学体育部

### 34. 走扁带运动研究

体育文化导刊. 2015，（7）北大核心 CSSCI

贾海波
东北大学体育部

### 35. 新型城镇化建设背景下运动休闲特色小镇政策扩散分析

体育文化导刊. 2019，（12）北大核心 CSSCI

杨海东 季朝新
东北大学体育部

**36. 运动成瘾影响因素的非条件 Logistic 回归分析**

天津体育学院学报 . 2015，30（5）北大核心 CSSCI

曲　辉[1,2]　周倩云[2]　曹振兴[2]　刘立伟[3]

1. 北京体育大学竞技体育学院　2. 东北大学体育部　3. 华北理工大学机械工程学院

**37. 基于"差序格局"的理论扩展：我国"教练员—运动员关系"分类及结构演变过程分析**

首都体育学院学报 . 2015，27（5）北大核心 CSSCI

解　欣

东北大学体育部

**38. 我国"教练员—运动员关系"结构演化及其再造策略**

武汉体育学院学报 . 2018，52（6）北大核心 CSSCI

解　欣

东北大学体育部

**39. 高强度田径训练与运动损伤关系优化建模仿真**

计算机仿真 . 2017，34（3）北大核心

刘和臣

东北大学体育部

**40. AGIL 分析范式下"那达慕"大会与多元文化的融合研究——以阜蒙县"那达慕"大会为例**

沈阳体育学院学报 . 2016，35（3）北大核心 CSSCI

杨春卉[1]　王　淳[2]　陈家鸣[1]　张　东[1]　徐　冉[1]　陈璐璐[1]

1. 东北大学体育部　2. 辽宁科技学院体育部

**41. 我国轮滑马拉松赛事发展调查分析及展望**

体育文化导刊 . 2018，（3）北大核心 CSSCI

厉中山

东北大学体育部

**42. 基于价值链—政策工具二维框架的我国高校体育政策研究**

东北大学学报（社会科学版）.2018，20（6）北大核心 CSSCI

曹盛民[1,2]  史万兵[1]

1. 东北大学文法学院   2. 东北大学体育部

**43. 体育运动服饰文化释义——以篮球运动鞋为个案**

体育文化导刊.2016，（8）北大核心 CSSCI

徐拥军[1]  王兴华[1]  孙 南[2]

1. 东北大学体育部   2. 沈阳体育学院

**44. 社会转型期残疾人运动员多元需求及社会保障支持系统的研究**

沈阳体育学院学报.2016，35（4）北大核心 CSSCI

姜晓宏  解 欣  周纽萱

东北大学体育部

**45. 我国公共体育服务 PPP 模式多元主体协同研究**

体育文化导刊.2020，（1）北大核心 CSSCI

张博文[1]  王天琪[2]

1. 东北大学体育部   2. 东北大学档案馆

**46. 疫情时期居家健身去中心化网络扩散模式研究**

西安体育学院学报.2020，37（5）北大核心 CSSCI

孙 哲[1,2]  季 城[3]  于文谦[3]

1. 东北大学体育部   2. 清华大学体育部   3. 西安工业大学体育学院

**47. 中学体育教师服务型领导行为与中学生体育锻炼满意感的相关关系研究：基于有调节作用的中介变量模型**

首都体育学院学报.2020，32（6）北大核心 CSSCI

韩贝宁[1]  马婧宇[2]  梁 青[1]

1. 东北大学体育部   2. 华南师范大学体育科学学院

**48. 基于全要素生产率 Malmquist 指数法的 L 省体育产业发展现状研究**

首都体育学院学报 . 2019，31（6）北大核心 CSSCI

孙　哲[1, 2]　张佳运[3]　刘　波[1]　郭　振[1]

1. 清华大学体育部　2. 东北大学体育部　3. 沈阳大学体育学院

**49. 网络体育新闻传播对青少年的影响**

新闻战线 . 2017，（14）北大核心

梁　青

东北大学体育部

**50. 当前我国体育产业发展的机遇与对策**

商业经济研究 . 2016，（22）北大核心

曹盛民

东北大学体育部

**51. 柔道运动员赛前技术水平准确评估仿真**

计算机仿真 . 2017，34（9）北大核心

杨　波

东北大学体育部

**52. 居民消费行为异质性视角下商贸流通业发展的门槛效应研究**

商业经济研究 . 2020，（23）北大核心

王兴华

东北大学文法学院　东北大学体育部

**53. 新媒体冲击下的我国体育电视媒体出路**

新闻战线 . 2017，（22）北大核心

贾海波

东北大学体育部

**54. 光照环境运动强度与女大学生季节性情感障碍的关系**

中国学校卫生 . 2020，41（9）北大核心

许 群 王 镆 赵崇乐
东北大学体育部

### 55. 从诗词看我国古代女子体育发展

体育文化导刊. 2018，（12）北大核心 CSSCI

杨海东[1] 张矛矛[2]

1. 东北大学体育部 2. 中国矿业大学体育学院

### 56. 人文社会学视域下的体育学——评《体育人文社会学概论》

中国教育学刊. 2019，（7）北大核心 CSSCI

陈家鸣 李欢欢
东北大学体育部

### 57. 新型线上轮滑赛事模式探究

体育文化导刊. 2018，（8）北大核心 CSSCI

厉中山 王一博
东北大学体育部

### 58. 我国古代投掷运动研究

体育文化导刊. 2015，（8）北大核心 CSSCI

逯明智
东北大学体育部

### 59. 数字体育助推体育强国建设的价值、困境与路径

体育文化导刊. 2021，（12）北大核心 CSSCI

杨海东 李彩霞
东北大学体育部

### 60. 香菇谷氨酰胺对过度运动的免疫调节作用分析

中国食用菌. 2020，39（8）北大核心

贾海波
东北大学体育部

### 61. 试论体育产业贸易前景及趋势

商业经济研究 . 2018，（8）北大核心

曹盛民

东北大学体育部

### 62. 习近平关于群众体育重要论述的科学内涵、价值意蕴与生成逻辑

武汉体育学院学报 . 2022，56（4）北大核心 CSSCI

孙 哲[1] 高新潮[1,2] 王 松[3] 甘雨洋[1] 徐秋霜[1] 陈 松[1]

1. 东北大学体育部 2. 运城职业技术大学体育部 3. 清华大学体育部

## 三、英文论文

### 1. A Flexible and Stretchable Self-Powered Nanogenerator in Basketball Passing Technology Monitoring

毛羽鹏 赵崇乐（共同通讯作者）

ELECTRONICS. 2021, 10（21）

### 2. Computational Intelligence and Applications of Virtual Reality Technology in Martial Arts Teaching System

Sun, YN（Sun, Yuning）

MATHEMATICAL PROBLEMS IN ENGINEERING. 2022,（5）

### 3. Using Sports Participation as a Lifeline to Promote Psychological Wellbeing and Happiness among Older Individuals in China: Mediating Role of Social Capital Dimensions

Sun, YN（Sun, Yuning）

REVISTA DE PSICOLGIA DEL DEPORTE. 2021, 30（2）: 132-144

### 4. Influences of Inclusive Adapted Physical Education on the Motor Skills and Peer Interaction of Students with Intelligent Disabilities

Sun, YN（Sun, Yuning）

JOURNAL OF ENVIRONMENTAL PROTECTION AND ECOLOGY. 2019, 20: 296-300

5. An Improved Computer Motion Simulation for Soccer Training and Teaching

Guan, Rongxin

BOLETIN TECNICO/TECHNICAL BULLETIN. 2017, 55（7）: 630-636


6. Computer multimedia application in soccer movement and sports teaching research

Guan, Rongxin

RISTI-Revista Iberica de Sistemase Tecnologias de Informacao. 2016, E10: 251-260


7. ABS anti-fatigue training detection system in classification and recognition algorithm of inertia signal detection movement training based on naive Bayesian

Yang, Haidong

Acta Technica CSAV（Ceskoslovensk Akademie Ved）. 2017, 62（3）: 225-234


8. Intelligent Lighting Control System in Large-scale Sports Competition Venues

Cao, SM（Cao, Shengmin）

LIGHT & ENGINEERING. 2018, 26（4）: 172-182


9. Push and Pull Factors Influencing the Winter Sport Tourists in China: The Case of Leisure Skiers

Wang, XH（Wang, Xinghua）

SAGE OPEN. 2020, 10（2）


10. A Self-Powered Intelligent Tactile Electric Skin Based on ZnO/Fabrics for Real-Time Monitoring Grabbing of Snowboard

Guan, RX（Guan, Rongxin）; Chen, S（Chen, Song）（均为通讯作者）

JOURNAL OF NANOELECTRONICS AND OPTOELECTRONICS. 2020, 15（2）: 179-183

**11. An Effective Self-Powered Piezoelectric Sensor for Monitoring Basketball Skills**

Zhao, CL（Zhao, Chongle）

SENSORS. 2021, 21（15）

**12. Falling-Point Recognition and Scoring Algorithm in Table Tennis Using Dual-Channel Target Motion Detection**

Yang, B（Yang, Bo）

JOURNAL OF HEALTHCARE ENGINEERING. 2021,（4）

**13. Posture Monitoring of Basketball Training Based on Intelligent Wearable Device**

Ma, ZY（Ma, Zengyu）

JOURNAL OF HEALTHCARE ENGINEERING. 2022,（2）

**14. Role of Media in the Popularization of Physique Education in Higher School**

Ren, K（Ren, Ke）

EURASIA JOURNAL OF MATHEMATICS SCIENCE AND TECHNOLOGY EDUCATION. 2017, 13（10）: 7003-7008

**15. Research on Innovative Methods of College Students' Sports Teaching Based on Internet Education Technology**

Ren, K（Ren, Ke）; Bai, Y（Bai, Ying）

EDUCATIONAL SCIENCES-THEORY & PRACTICE. 2018, 18（5）: 2486-2493

**16. Research on the Design Method of Physical Education Curriculum Based on the Flipped Classroom Concept**

Bai, Y（Bai, Ying）

EDUCATIONAL SCIENCES-THEORY & PRACTICE. 2018, 18（5）: 1604-1611

17. Interoperability technology of sports health monitoring equipment based on multi-sensor information fusion

Zhang, D（Zhang, Di）

EURASIP JOURNAL ON ADVANCES IN SIGNAL PROCESSING. 2021,（1）

18. Anti-exercise Fatigue Effect of Bazhen Decoction Added with Cinnamon and Fructus Psoraleae

Liang, Q（Liang, Qing）;

CARPATHIAN JOURNAL OF FOOD SCIENCE AND TECHNOLOGY. 2016, 8（3）: 98-103

19. Physical Exercise Ameliorates Anxiety, Depression and Sleep Quality in College Students: Experimental Evidence from Exercise Intensity and Frequency

Ji, CX（Ji, Chaoxin）; Yang, J（Yang, Jun）; Lin, L（Lin, Lin）; Chen, S（Chen, Song）

BEHAVIORAL SCIENCES. 2022, 12（3）

20. Self-Powered Wearable Athletics Monitoring Nanodevice Based on ZnO Nanowire Piezoelectric-Biosensing Unit Arrays

Mao, YP（Mao, Yupeng）

SCIENCE OF ADVANCED MATERIALS. 2019-02-15

分区：SCI（JCR Q3）

影响因子：1.5

21. Self-Powered Piezoelectric-Biosensing Textiles for the Physiological Monitoring and Time-Motion Analysis of Individual Sports

Mao, YP（Mao, Yupeng）

SENSORS. 2019-09-12

分区：SCI（JCR Q1）

影响因子：3.576

### 22. A Self-Powered Biosensor for Monitoring Maximal Lactate Steady State in Sport Training

Mao, YP（Mao, Yupeng）

BIOSENSORS-BASEL. 2020−08−13

分区：SCI（JCR Q1）

影响因子：5.519

### 23. Self-powered Biosensor Big Data Intelligent Information Processing System for Real-time Motion Monitoring

Mao, YP（Mao, Yupeng）

ZEITSCHRIFT FUR ANORGANISCHE UND ALLGEMEINE CHEMIE. 2020−06−15

分区：SCI（JCR Q3）

影响因子：1.492

### 24. Self-Powered Wearable Sweat-Lactate Analyzer for Scheduling Training of Boat Race

Mao, YP（Mao, Yupeng）

JOURNAL OF NANOELECTRONICS AND OPTOELECTRONICS.2020−05−14

分区：SCI（JCR Q4）

影响因子：0.961

### 25. A Self-Powered Portable Flexible Sensor of Monitoring Speed Skating Techniques

Mao, YP（Mao, Yupeng）

BIOSENSORS-BASEL. 2021−05−10

分区：SCI（JCR Q1）

影响因子：5.519

### 26. A Portable and Flexible Self-Powered Multifunctional Sensor for Real-Time Monitoring in Swimming

Mao, YP（Mao, Yupeng）

BIOSENSORS. 2021-06-04

分区：SCI（JCR Q1）

影响因子：5.519

27. An Effective Self-Powered Piezoelectric Sensor for Monitoring Basketball Skills

Mao, YP（Mao, Yupeng）

SENSORS. 2021-08-13

分区：SCI（JCR Q1）

影响因子：3.576

28. Portable Mobile Gait Monitor System Based on Triboelectric Nanogenerator for Monitoring Gait and Powering Electronics"

Mao, YP（Mao, Yupeng）

ENERGIES. 2021-09-04

分区：SCI（JCR Q3）

影响因子：3.004

29. A Flexible and Stretchable Self-Powered Nanogenerator in Basketball Passing Technology Monitoring

Mao, YP（Mao, Yupeng）

ELECTRONICS. 2021-11-24

分区：SCI（JCR Q2）

影响因子：2.397

30. A Self-Powered Flexible Biosensor for Human Exercise Intensity Monitoring

Mao, YP（Mao, Yupeng）

JOURNAL OF NANOELECTRONICS AND OPTOELECTRONICS. 2021-05

分区：SCI（JCR Q4）

影响因子：0.961

31. Wearable Biosensors for Real-time Sweat Analysis and Body Motion Capture based on Stretchable Fiber-based Triboelectric Nanogenerators。

Mao, YP（Mao, Yupeng）

BIOSENSORS AND BIOELECTRONICS. 2022-02

分区：SCI（JCR Q1）

影响因子：11.2

32. A Stretchable and Self-Healing Hybrid Nano-Generator for Human Motion Monitoring

Mao, YP（Mao, Yupeng）

NANOMATERIALS. 2022-01-18

分区：SCI（JCR Q1）

影响因子：5.076

33. A Flexible TENG Based on Micro-Structure Film for Speed Skating Techniques Monitoring and Biomechanical Energy Harvesting

Mao, YP（Mao, Yupeng）

NANOMATERIALS. 2022-05-21

分区：SCI（JCR Q1）

影响因子：5.076

34. Nanogenerator-Based Wireless Intelligent Motion Correction System for Storing Mechanical Energy of Human Motion

Mao, YP（Mao, Yupeng）

SUSTAINABILITY. 2022-06

分区：SSCI（JCR Q2）

影响因子：3.251

35. An analysis of women's fitness demands and their influencing factors in China

Mao, YP（Mao, Yupeng）

HEALTHCARE. 2022-03-10

分区：SSCI（JCR Q2）

影响因子：2.645

36. A Flexible Lightweight Triboelectric Nanogenerator for Protector and Scoring System in Taekwondo Competition Monitoring

Mao, YP（Mao, Yupeng）

ELECTRONICS. 2022-05-24

分区：SCI（JCR Q2）

影响因子：2.397

37. Influencing Factors of College Students' Physical Health Under the Intervention of Football

Jing, G（Jing, Gang）

REVISTA BRASILEIRA DE MEDICINA DO ESPORTE. 2021, 27（27）

# 第九章 著作篇

表9-1 东北大学体育部教师著作汇总

| 出版时间 | 姓名 | 署名 | 著作名称 | 出版社 |
|---|---|---|---|---|
| 1993年 | 张锐锋 | 主编 | 《网球教程》 | 东北大学出版社 |
| 1993年 | 胡嘉樵 | 副主编 | 《体育理论教程》 | 辽宁教育出版社 |
| 1993年 | 刘荣福 | 参编 | 《大学生体育手册》 | 东北大学出版社 |
| 1994年 | 刘和臣 | 参编 | 《体育实用数据手册》 | 辽宁科学技术出版社 |
| 1996年 | 高明 | 主编 | 《学滑冰》 | 白山出版社 |
| 1997年 | 胡嘉樵 | 主编 | 《体育理论与实践课教程》 | 辽海出版社 |
| 1997年 | 胡嘉樵 | 专著 | 《常见运动损伤及防治》 | 东北大学出版社 |
| 1998年 | 刘荣福 | 主编 | 《田径竞赛裁判手册》 | 东北大学出版社 |
| 2000年 | 高明 | 副主编 | 《运动生物力学学科理论与方法体系》 | 吉林人民出版社 |
| 2001年 | 曹冰 | 主编 | 《体育大世界——休闲体育篇》 | 中国科学院恒大电子出版社 |
| 2001年 | 沈钟 | 专著 | 《排球》 | 东北大学出版社 |
| 2001年 | 王景利 | 参编 | 《新世纪英语教与学词典》 | 辽宁人民出版社 |
| 2001年 | 马旭 | 主编 | 《体育人才学》 | 辽宁大学出版社 |
| 2001年 | 孙胜灵、杨波 | 主编 | 《高校体育运动项目分析》 | 东北林业大学出版社 |

表9-1（续）

| 出版时间 | 姓名 | 署名 | 著作名称 | 出版社 |
|---|---|---|---|---|
| 2001年 | 杨波、孙胜灵 | 主编 | 《女子韵律健美操》 | 苏州大学出版社 |
| 2003年 | 于志江、杜成林 | 主编 | 《篮球》 | 中国致公出版社 |
| 2003年 | 陈松 | 副主编 | 《围棋从入门到初段》 | 台湾世界文物出版社 |
| 2003年 | 曹盛民、孙玉宁、于明 | 参编 | 《东北大学体育80年》 | 东北大学出版社 |
| 2003年 | 王晓东 | 主编 | 《世界足球大典之洲际卷》 | 辽海出版社 |
| 2003年 | 王晓东 | 主编 | 《世界足球大典之中国卷》 | 辽海出版社 |
| 2003年 | 程丽华 | 独立完成 | 《足球有问必答》 | 人民卫生出版社 |
| 2004年 | 张锐锋 | 主编 | 《网球教程》 | 东北大学出版社 |
| 2004年 | 张锐锋 | 主编 | 《羽毛球技术》 | 东北大学音像出版社 |
| 2004年 | 张锐锋 | 主编 | 《乒乓球基本技术》 | 东北大学音像出版社 |
| 2004年 | 俞丽萍 | 主编 | 《校园健美操》 | 辽宁音像出版社 |
| 2004年 | 陈松 | 副主编 | 《阶梯围棋星级题库从业余初段到业余3段》 | 辽宁科学技术出版社 |
| 2004年 | 陈松 | 副主编 | 《阶梯围棋星级题库从业余3段到业余6段》 | 辽宁科学技术出版社 |
| 2004年 | 陈松 | 副主编 | 《阶梯围棋星级题库从业余6段到专业棋手》 | 辽宁科学技术出版社 |
| 2004年 | 梁青 | 主编 | 《校园交际舞》 | 东北大学音像出版社 |
| 2004年 | 姜晓宏、陈家鸣、曲辉 | 主编 | 《网球基本技术》 | 东北大学音像出版社 |
| 2004年 | 曹盛民、陈家鸣 | 主编 | 《乒乓球基本技术》 | 东北大学音像出版社 |

表9-1（续）

| 出版时间 | 姓名 | 署名 | 著作名称 | 出版社 |
|---|---|---|---|---|
| 2004年 | 程丽华 | 独立完成 | 《大众健身与休闲文化》 | 中国文化艺术出版社 |
| 2005年 | 沈钟 | 主编 | 《体育运动与健康概论》 | 吉林大学出版社 |
| 2005年 | 陈家鸣 | 主编 | 《体育娱乐与健康概论》 | 人民体育出版社 |
| 2005年 | 王艳 | 主编 | 《大学生篮排球教学指导》 | 中国文化艺术出版社 |
| 2005年 | 王景利 | 主编 | 《世界运动竞赛百科全书》 | 北京体育大学出版社 |
| 2005年 | 马旭 | 主编 | 《世界运动竞赛百科全书》 | 北京体育大学出版社 |
| 2005年 | 王晓东 | 主编 | 《世界运动竞赛百科全书》 | 北京体育大学出版社 |
| 2005年 | 程丽华 | 主编 | 《大学生篮排球教学指导》 | 中国文化艺术出版社 |
| 2006年 | 梁青 | 主编 | 《世界运动竞赛成绩简史——田径卷》 | 吉林文史出版社 |
| 2006年 | 曹盛民 | 副主编 | 《关于现代学校体育促进学生普通艺术素质发展的对策研究》 | 吉林科学技术出版社 |
| 2007年 | 梁青 | 主编 | 《残奥运动》 | 辽宁教育出版社 |
| 2007年 | 李迪 | 主编 | 《当代大学生体育教育与健康通论》 | 新华出版社 |
| 2007年 | 徐拥军 | 参编 | 《体育游戏》 | 中国文史出版社 |
| 2007年 | 曹盛民 | 副主编 | 《运动训练与教育研究》 | 教育科学出版社 |
| 2007年 | 王晓东 | 副主编 | 《回眸奥运》 | 辽宁教育出版社 |
| 2009年 | 曲辉 | 参编 | 《休闲体育与运动健身概论》 | 人民体育出版社 |
| 2009年 | 梁青 | 主编 | 《校园交际舞》 | 东北大学出版 |
| 2009年 | 梁青 | 主编 | CAI课件《校园交际舞》 | 东北大学音像出版社 |
| 2009年 | 俞丽萍 | 主编 | 《体育科研方法基础教程》 | 东北大学出版社 |
| 2009年 | 杨春卉 | 主编 | 《体育英语》 | 东北大学出版社 |
| 2010年 | 陈家鸣 | 主编 | 《现代休闲体育理论研究与方法论》 | 中国商务出版社 |
| 2012年 | 梁青、回军 | 参编 | 《运动竞赛学》 | 东北大学出版社 |

表9-1（续）

| 出版时间 | 姓名 | 署名 | 著作名称 | 出版社 |
|---|---|---|---|---|
| 2013年 | 梁青 | 参编 | 《普通高校体育教程新解》 | 白山出版社 |
| 2014年 | 张锐锋、孙玉宁、韩冰 | 主编 | 《奥林匹克教程》 | 东北大学出版社 |
| 2014年 | 韩冰、陈松、赵崇乐 | 主编 | 《阶梯围棋星级题库》 | 辽宁科学技术出版社 |
| 2014年 | 陈松、杨海东 | 主编 | 《体育与健康教程》 | 吉林大学出版社 |
| 2015年 | 陈松 | 副主编 | 《官子专项训练——从5级到1级》 | 辽宁科学技术出版社 |
| 2015年 | 陈松 | 副主编 | 《官子专项训练——从10级到5级》 | 辽宁科学技术出版社 |
| 2015年 | 陈家鸣 | 主编 | 《体育社会学——问题与讨论》 | 辽宁教育出版社 |
| 2015年 | 杨谡 | 参编 | 《实用与休闲体育》 | 中央广播电视大学出版 |
| 2016年 | 陈松 | 副主编 | 《阶梯围棋综合训练》 | 辽宁科技技术出版社 |
| 2016年 | 贾海波 | 副主编 | 《高校篮球运动实用教程》 | 现代教育出版社 |
| 2017年 | 杨波 | 主编 | 《现代健身健美操系统学练指导教程》 | 吉林大学出版社 |
| 2017年 | 孙哲 | 参编 | 《2015年体育产业发展报告》 | 辽宁大学出版社 |
| 2018年 | 张迪 | 副主编 | 《大学体育与健康1》 | 北京工业大学出版社 |
| 2019年 | 赵崇乐 | 主编 | 《体育审美教育论》 | 万卷出版公司 |
| 2019年 | 杜成林 | 主编 | 《高校体育健康管理教程》 | 中国原子能出版社 |
| 2019年 | 于明 | 副主编 | 《我国传统武术文化在高校中传承与发展研究》 | 陕西人民教育出版社 |
| 2020年 | 梁青 | 主编 | 《体育赛事组织与管理》 | 东北大学出版社 |
| 2020年 | 杜成林、回军、贾海波 | 编著 | 《高校体育教学理论与实践发展研究》 | 吉林大学出版社 |

表9-1（续）

| 出版时间 | 姓名 | 署名 | 著作名称 | 出版社 |
|---|---|---|---|---|
| 2020年 | 金刚 | 主编 | 《基于虚拟发展的足球运动智慧化训练》 | 冶金工业出版社 |
| 2020年 | 欧阳博文 | 副主编 | 《高校体育教学理论透视与模式设计实践》 | 陕西旅游出版社 |
| 2020年 | 厉中山 | 专著 | 《轮滑基础教程》 | 北京体育大学出版社 |
| 2021年 | 厉中山 | 主编 | 《零基础学单排轮滑》 | 北京体育大学出版社 |
| 2021年 | 厉中山 | 主编 | 《跟世界冠军学轮滑》 | 北京工艺美术出版社 |

# 第十章 课题及获奖成果篇

## 一、课题篇

表10-1 东北大学体育部教师课题汇总

| 时间 | 姓名 | 课题名称 | 立项单位 |
|---|---|---|---|
| 2001年 | 曹冰 | 五城市大学生余暇体育活动的比较研究 | 辽宁省教育厅 |
| 2003年 | 曹冰 | 高校体育多媒体与网络教学系列课件的开发与应用研究 | 教育部中央教育科学研究所 |
| 2003年 | 曹冰 | "辽宁省学校体育深化改革的实验研究"的子课题——高等学校体育人力资源开发的研究 | 教育部中央教育科学研究所 |
| 2003年 | 曹冰 | "高校体育多媒体与网络教学系列课件的开发与应用研究"的子课题——体育与健康 | 教育部中央教育科学研究所 |
| 2003年 | 翁丽萍 | "高校多媒体与网络教学系列课件的开发与应用研究"的子课题——健美操CAI课件的开发与应用研究 | 教育部中央教育科学研究所 |
| 2003年 | 翁丽萍 | "关于高校体育促进学生普通艺术素质发展的对策研究"应用多媒体技术对促进学生普通艺术素质发展 | 教育部体卫艺研究中心 |
| 2003年 | 李迪 | "高校多媒体与网络教学系列课件的开发与应用研究"的子课题——健美操CAI课件的开发与应用研究 | 教育部中央教育科学研究所 |

表10-1（续）

| 时间 | 姓名 | 课题名称 | 立项单位 |
|---|---|---|---|
| 2003年 | 杜成林 | 高校体育多媒体与网络教学系列课件的开发与应用研究 | 教育部中央教育科学研究所 |
| 2003年 | 曹盛民 | 关于高校体育健康课程新体系的研究 | 辽宁省教育科学规划领导小组 |
| 2003年 | 曹盛民 | "高校体育多媒体与网络教学系列课件的开发与应用研究"的子课题——乒乓球基本技术CAI课件的开发与应用研究 | 教育部中央教育科学研究所 |
| 2003年 | 杨春卉 | "高校体育多媒体与网络教学系列课件的开发与应用研究"的子课题——排球教学CAI课件 | 教育部中央教育科学研究所、体育卫生艺术研究中心 |
| 2004年 | 于志江 | "高校体育多媒体与网络教学系列课件的开发与应用研究"的子课题——篮球运动多媒体教程 | 教育部中央教育科学研究所、体育卫生艺术研究中心 |
| 2004年 | 张锐锋 | 关于学校体育促进学生普通艺术素质发展的研究 | 全国教育科学规划领导组 |
| 2004年 | 陈松 | 辽宁省学校体育深化改革实验研究子课题：课余体育锻炼现状调查及对策研究 | 辽宁教育科学研究院 |
| 2004年 | 杜成林 | "高校体育多媒体与网络教学系列课件的开发与应用研究"的子课题——篮球运动多媒体教程 | 教育部中央教育科学研究所、体育卫生艺术研究中心 |
| 2004年 | 曹盛民 | "高校体育多媒体与网络教学系列课件的开发与应用研究"的子课题——乒乓球基本技术 | 辽宁省教育科学研究院 |
| 2005年 | 张锐锋 | 学校体育促进学生健康素质发展的研究与实践 | 东北大学 |
| 2005年 | 张锐锋 | 普通高校学生健康素质观的调查及对策研究 | 东北大学 |
| 2005年 | 俞丽萍 | 大学生健康生活方式的现状调查与对策研究 | 辽宁省教育科学规划领导小组 |
| 2005年 | 俞丽萍 | 基于区域优势的我校冰雪课程教学模式的研究与实践 | 东北大学 |

表10-1（续）

| 时间 | 姓名 | 课题名称 | 立项单位 |
|------|------|----------|----------|
| 2005年 | 翁丽萍 | 基于北方区域特色的高校冰雪课教学模式研究与实践 | 辽宁省教育厅 |
| 2005年 | 曹盛民 | 深化学校体育改革促进学生健康素质发展的研究与实践 | 辽宁省教育科学规划院 |
| 2005年 | 杨春卉 | 社会不和谐因素对大学生健康忧患及其警示预案的研究 | 辽宁省教育科学规划领导小组 |
| 2005年 | 杨春卉 | 新世纪辽宁高等体育师范院校如何培养教育创新人才 | 辽宁省教育科学规划领导小组 |
| 2005年 | 孙玉宁 | 辽宁竞技体育信息资源建设发展研究 | 辽宁省体育局 |
| 2006年 | 曹盛民 | 关于现代学校体育促进学生普通艺术素质的对策研究 | 全国教育科学规划领导小组 |
| 2006年 | 曹盛民 | 拓展学校体育功能，促进生命教育的研究 | 辽宁省教科所 |
| 2006年 | 曹盛民 | 高校体育多媒体与网络教学系列课件的开发与应用研究 | 中央教育科学研究所 |
| 2009年 | 曲辉 | 增强我国青少年体质的对策研究 | 教育部 |
| 2009年 | 梁青 | 对高中体育艺术类课程的需求调查及校本课程开发研究 | 辽宁省教育科学规划领导小组 |
| 2012年 | 梁青 | 普通高校体育舞蹈课程立体化教材建设研究 | 东北大学校级基金 |
| 2012年 | 姜晓宏 | 主体性教学模式在高校网球选项课中的实验研究 | 东北大学校级基金 |
| 2012年 | 姜晓宏 | 网球运动教程 | 东北大学校级基金 |
| 2012年 | 姜晓宏 | P4502D6基因多态性与利培酮血药浓度及泌乳素水平相关性研究 | 沈阳市级计划 |
| 2012年 | 陈家鸣 | 高校体育文化生态园的构架模式与营养价值研究 | 国家体育总局 |
| 2012年 | 金刚 | 现代足球比赛中裁判员应具备的素质 | 辽宁省社会科学界联合会 |
| 2012年 | 韩冰 | 东北地区民族传统体育文化的流变与传承的文化人类学研究 | 国家体育总局体育文化发展中心 |

表10-1（续）

| 时间 | 姓名 | 课题名称 | 立项单位 |
|------|------|----------|----------|
| 2012年 | 王景利 | 自主学习教学法对高职高专学生体质健康干预影响的实验研究 | 辽宁省教育厅 |
| 2012年 | 逯明智 | 辽宁温泉冰雪旅游研究 | 辽宁省社会科学界联合会 |
| 2012年 | 逯明智 | 1985—2013年辽宁省普通高校大学生体质健康状况的追踪研究 | 辽宁省教育厅 |
| 2014年 | 张锐锋 | 回归基础体育基础素质训练是中国式体育教育成功的策略 | 东北大学教务处 |
| 2014年 | 张锐锋 | 破解中国式体育教育难题——回归身体基础练习 | 辽宁省教育厅 |
| 2014年 | 高明 | 羽毛球精品课转型升级精品资源共享课的实践研究 | 东北大学教务处 |
| 2014年 | 梁青 | 羽毛球精品课转型升级精品资源共享课的实践研究 | 东北大学教务处 |
| 2014年 | 梁青 | 1985—2013年辽宁省普通高校大学生体质健康状况的追踪研究 | 辽宁省教育科学规划领导小组 |
| 2014年 | 姜晓宏 | 高校大学生体质健康现状与改善对策研究 | 辽宁省体育科学学会 |
| 2014年 | 曹盛民 | 辽宁高职院校学生体育社团现状与优化策略研究 | 辽宁省教育科学规划院 |
| 2014年 | 孙玉宁 | 支架式教学法在高校排球教学中的应用研究 | 辽宁省体育科学学会 |
| 2014年 | 韩冰 | 辽宁民族体育文化现代化研究 | 辽宁省社会科学规划基金 |
| 2014年 | 解欣 | 基于体育教学改革视角对大学生个性化体质健康促进研究 | 辽宁省体育科学学会 |
| 2014年 | 解欣 | 十二届全运会后辽宁省体育场馆的运营管理机制研究 | 辽宁社会科学院 |
| 2014年 | 毛羽鹏 | 基于体育教学改革视角对大学生个性化体质健康促进研究 | 辽宁省体育科学学会 |
| 2015年 | 陈松 | 辽宁省体育产业结构调整与优化研究 | 辽宁省体育局 |
| 2015年 | 梁青 | 后全运时代辽宁省群众体育发展现状及对策研究 | 辽宁省体育局 |

表10-1（续）

| 时间 | 姓名 | 课题名称 | 立项单位 |
|------|------|----------|----------|
| 2015年 | 梁青 | "以专业为中心"理念下应用技术类院校实用性体育课程改革研究 | 辽宁省体育科学学会 |
| 2015年 | 姜晓宏 | 辽宁省残疾人体育公共服务体系的构建与完善研究 | 辽宁省社会科学规划基金办公室 |
| 2015年 | 姜晓宏 | 辽宁省休闲体育开展现状的多维审视深度开发研究 | 辽宁省体育局 |
| 2015年 | 姜晓宏 | 以人为本视野下高校公共体育教学评价改革与运思研究 | 辽宁省高等教育学会 |
| 2015年 | 姜晓宏 | 高校大学生体质健康现状与改善对策研究 | 辽宁省体育科学学会 |
| 2015年 | 姜晓宏 | 支架式教学法在高校排球教学中的应用研究 | 辽宁省体育科学学会 |
| 2015年 | 姜晓宏 | 基于体育教学改革视角对大学生个性体质健康促进研究 | 辽宁省体育科学学会 |
| 2015年 | 陈家鸣 | 以民族传统体育为本促进我省大众健身建设研究 | 辽宁省体育局 |
| 2015年 | 曹盛民 | 辽宁高职院校学生体育社团现状与优化策略研究 | 辽宁省教育科学规划院 |
| 2015年 | 杨春卉 | 辽宁民族体育文化现代化研究 | 辽宁省社会科学规划基金办公室 |
| 2015年 | 杨春卉 | 将民族传统体育融入我省群众体育健身活动中的研究 | 辽宁省体育局 |
| 2015年 | 曲辉 | 辽宁省体育彩票业现状及发展对策研究 | 辽宁省体育局 |
| 2015年 | 王艳 | 将民族传统体育融入我省群众体育健身活动中的研究 | 辽宁省体育局 |
| 2015年 | 孙玉宁 | 支架式教学法在高校排球教学中的应用研究 | 辽宁省体育科学学会 |
| 2015年 | 孙玉宁 | 以民族传统体育为本促进我省群众健身建设研究 | 辽宁省体育局 |
| 2015年 | 回军 | 基于绩效评价视角的大学治理完善机制研究 | 东北大学 |

表10-1（续）

| 时间 | 姓名 | 课题名称 | 立项单位 |
|------|------|----------|----------|
| 2015年 | 回军 | 大学生体质健康状况调查研究——以东北大学为例 | 东北大学 |
| 2015年 | 回军 | 以人为本视野下高校公共体育教学评价改革与运思研究 | 辽宁省高等教育学会 |
| 2015年 | 回军 | 扩招背景下体育院校研究生教育管理体系的构建 | 沈阳体育学院 |
| 2015年 | 回军 | 辽宁省休闲体育开展现状的多维审视深度开发研究 | 辽宁省体育局 |
| 2015年 | 贾海波 | 以民族传统体育为本促进我省群众健身建设研究 | 辽宁省体育局 |
| 2015年 | 杨譞 | 关于加快推进沈阳公共服务均等化的对策建议 | 沈阳市科学技术协会 |
| 2015年 | 解欣 | 基于体育教学改革视角对大学生个性化体质健康促进研究 | 辽宁省体育科学学会 |
| 2015年 | 解欣 | 迁移教学法在高校排球教学中的运用研究 | 辽宁省体育科学学会 |
| 2015年 | 解欣 | 十二届全运会后辽宁体育场馆运营管理机制研究 | 辽宁省社会科学规划基金会 |
| 2015年 | 赵崇乐 | 体育审美教育视域下体育教学艺术化设计研究 | 东北大学 |
| 2015年 | 赵崇乐 | 以人为本视野下高校公共体育教学评价改革与运思研究 | 辽宁省高等教育学会 |
| 2015年 | 韩冰 | 辽宁民族体育文化现代化研究 | 辽宁省社会科学规划基金办公室 |
| 2015年 | 韩冰 | 辽宁省残疾人体育公共服务体系的构建与完善研究 | 辽宁省社会科学规划基金办公室 |
| 2015年 | 韩冰 | 支架式教学法在高校排球教学中的应用研究 | 辽宁省体育科学学会 |
| 2015年 | 韩冰 | 将民族传统体育融入我省群众体育健身活动中的研究 | 辽宁省体育局 |

表10-1（续）

| 时间 | 姓名 | 课题名称 | 立项单位 |
|---|---|---|---|
| 2015年 | 李一良 | 以民族传统体育为本，促进我省大众健身建设 | 辽宁省体育局 |
| 2015年 | 孙哲 | 基于竞技体育发展需求下辽宁省竞技体育场地布局与策略研究 | 辽宁省体育局 |
| 2015年 | 毛羽鹏 | 基于体育教学改革视角对大学生个性化体质健康促进研究 | 辽宁省体育科学学会 |
| 2015年 | 逯明智 | 广场健身舞的发展动因及社会价值研究 | 辽宁省体育局 |
| 2015年 | 逯明智 | 从生命教育视角对体育教学价值回归探索研究 | 辽宁省教育厅 |
| 2016年 | 陈松 | 东北大学排球选项课中运用支架式教学法的应用研究 | 辽宁省教育厅 |
| 2016年 | 梁青 | 跨界治理视域下辽宁省大众体育公共服务治理改革路径研究 | 辽宁省社会科学规划基金 |
| 2016年 | 梁青 | 后全运时代辽宁省群众体育发展现状及对策研究 | 辽宁省体育局 |
| 2016年 | 梁青 | "以专业为中心"理念下应用技术类院校实用性体育课程建设研究 | 东北大学 |
| 2016年 | 陈家鸣 | 东北大学素质拓展训练视频公开课件（系列之一） | 东北大学教务处 |
| 2016年 | 孙玉宁 | 构建以大球团队为核心的实践教学体系，引领公共体育课学生树立科学健身理念 | 东北大学教务处 |
| 2016年 | 孙玉宁 | 沈阳市全民健身计划纲要（2016—2020） | 沈阳市体育局 |
| 2016年 | 回军 | 基于绩效评价视角的大学治理完善机制研究 | 东北大学 |
| 2016年 | 韩冰 | 辽宁富裕地区农村体育向村屯转移过程中的公共体育服务研究 | 国家体育总局 |
| 2016年 | 毛羽鹏 | 构建机械电子工程专业体育教学模式研究 | 辽宁省体育科学学会 |
| 2016年 | 杨海东 | 以加强学生就业优势为视阈的应用技术类院校体育教学模式的理论研究 | 辽宁省体育科学学会 |

表10-1（续）

| 时间 | 姓名 | 课题名称 | 立项单位 |
|------|------|----------|----------|
| 2016年 | 杨春卉 | 将民族传统体育融入我省群众体育健身活动中的研究 | 辽宁省体育局 |
| 2016年 | 杨春卉 | 辽宁民族体育文化现代化研究 | 辽宁省社会科学规划基金办公室 |
| 2016年 | 陈松 | 辽宁省体育产业结构调整与优化研究 | 辽宁省体育局 |
| 2016年 | 姜晓宏 | 辽宁省休闲体育开展现状的多维审视深度开发研究 | 辽宁省体育局 |
| 2016年 | 姜晓宏 | 建立与完善空巢老人体育健身活动保障机制的社会实效性研究 | 国家体育总局 |
| 2016年 | 逯明智 | 广场健身舞的发展动因及社会价值研究 | 辽宁省体育局 |
| 2016年 | 曲辉 | 辽宁省体育彩票业现状与发展对策研究 | 辽宁省体育局 |
| 2016年 | 张锐锋 | 回归基础体育教学对增强大学生体制的可行性研究 | 东北大学教务处 |
| 2016年 | 张锐锋 | 羽毛球精品课转型升级精品资源共享课实验研究 | 东北大学教务处 |
| 2016年 | 赵崇乐 | 体育审美教育视域下体育教学艺术化设计研究 | 东北大学 |
| 2016年 | 梁青 | 后全运时代辽宁省群众体育发展现状及对策研究 | 辽宁省体育局 |
| 2016年 | 孙哲 | 基于竞技体育发展需求下辽宁省体育场地布局与策略研究 | 辽宁省体育局 |
| 2016年 | 杨波 | 运动康复嵌入居家养老服务体系模式研究 | 沈阳师范大学 |
| 2016年 | 金刚 | 辽宁省大学生体质健康现状分析与影响因素的研究 | 辽宁省教育科学规划基金办公室 |
| 2016年 | 杨海东 | 辽宁省高校开展高危险性体育项目教学管理研究 | 辽宁省教育科学规划领导小组 |
| 2016年 | 马旭 | 构建建筑学专业体育教学模式的研究 | 辽宁省体育科学学会 |
| 2016年 | 王兴华 | 以互联网为媒介的自发性群众体育组织研究 | 沈阳体育学院 |

表10-1（续）

| 时间 | 姓名 | 课题名称 | 立项单位 |
|---|---|---|---|
| 2016年 | 王兴华 | 组织理论下体育健身群体组织研究 | 沈阳体育学院 |
| 2017年 | 陈松 | 我国高校高水平运动队发展的历史演进研究 | 中国高等教育学会 |
| 2017年 | 杨海东 | 竞技体育后备人才多元化培养模式研究 | 国家体育总局 |
| 2017年 | 杨波 | 双创教育背景下体育专业课程体系优化与教学内容改革研究 | 辽宁省教育评价协会 |
| 2017年 | 姜晓宏 | 多维训练法在"一流大学"网球教学中的应用研究 | 辽宁省教育科学规划基金办公室 |
| 2017年 | 姜晓宏 | 辽宁省残疾人体育公共服务体系的构建与完善研究 | 辽宁省社会科学规划基金办公室 |
| 2017年 | 姜晓宏 | 网球教学中运用多维训练方法的改革实践与研究 | 东北大学 |
| 2017年 | 王兴华 | 中国情境下经济体育团队的结构冲突研究——以辽宁为例 | 辽宁省社会科学规划基金办公室 |
| 2017年 | 王兴华 | 多维训练法在"一流大学"网球教学中的应用研究 | 辽宁省教育科学规划基金办公室 |
| 2017年 | 马旭 | 新常态下我国城市广场体育的多元化发展研究 | 辽宁省社会科学规划基金办公室 |
| 2017年 | 刘力瑜 | 体育院系政工党支部规范化建设的若干思考——以东北大学体育党支部为例 | 东北大学党建课题 |
| 2017年 | 回军 | 基于绩效评价视角的大学治理完善机制研究 | 东北大学 |
| 2017年 | 赵崇乐 | 伦理学视野下我国竞技体育文化建设 | 教育部基本科研业务费资助 |
| 2018年 | 王一鸣 | 基于"三走"视域下东北大学学生体育活动可持续发展机制构建研究 | 沈阳市社会科学联合会 |
| 2018年 | 王一鸣 | 基于DEA模型沈阳市普通高校体育社团发展因子评价分析 | 沈阳市社会科学联合会 |
| 2018年 | 回军 | 体育硕士专业学位研究生实践能力培养和实习基地建设研究 | 东北大学 |

表10-1（续）

| 时间 | 姓名 | 课题名称 | 立项单位 |
|---|---|---|---|
| 2018年 | 孙玉宁 | 构建体育学专业教学模式研究 | 东北大学 |
| 2018年 | 孙玉宁 | 东北大学学生体质与身心健康评价与干预研究 | 东北大学 |
| 2018年 | 孙玉宁 | 东北大学学生体质与身心健康评价与干预研究 | 辽宁省教育厅 |
| 2018年 | 梁青 | 跨界治理视域下辽宁省大众体育公共服务治理改革路径研究 | 辽宁省社会科学规划基金办公室 |
| 2018年 | 姜晓宏 | 网球教程 | 东北大学教务处 |
| 2018年 | 姜晓宏 | 网球教学中运用多维训练方法的改革实践与研究 | 东北大学教务处 |
| 2018年 | 季朝新 | 沈阳市体育特色小镇建设路径研究 | 沈阳市哲学社会科学规划办公室 |
| 2018年 | 毛羽鹏 | 高校冰雪课程体育教师培训指标体系构建研究 | 全国"十三五"规划课题 |
| 2018年 | 厉中山 | 阳光体育背景下辽宁省高校普及非奥项目公体课策略研究——以轮滑为例 | 大连海洋大学 |
| 2018年 | 于明 | *Curling Tracking and Data System* | Upper Commonwealth Management |
| 2018年 | 于明 | 冰壶运动跟踪与数据采集系统 | Sport Telemetry Systems |
| 2018年 | 杨海东 | 运动类APP应用于体育课程教学内容改革的研究与实践 | 东北大学 |
| 2018年 | 杨海东 | 沈阳市高校冰雪运动开展研究——现状、困境、对策 | 沈阳市社会科学界联合会 |
| 2018年 | 杨海东 | 辽宁省普通高校冰雪课程建设研究 | 辽宁省教育评价协会 |
| 2018年 | 杨海东 | 竞技项目象征与仪式研究 | 全国哲学社会科学规划办公室 |
| 2019年 | 回军 | 速成教学模式在篮球课中的研究与实践 | 东北大学教务处 |
| 2019年 | 回军 | 体育硕士专业学位研究生实践能力培养和实习基地建设研究 | 东北大学研究生院 |

表10-1（续）

| 时间 | 姓名 | 课题名称 | 立项单位 |
|------|------|----------|----------|
| 2019年 | 回军 | 新时期下普通高校"一体化体育课程体系建设"研究 | 教育部 |
| 2019年 | 金刚 | 足球运动智慧化训练 | 东北大学 |
| 2019年 | 孙玉宁 | 构建体育学专业教学模式研究 | 东北大学 |
| 2019年 | 孙玉宁 | 奥林匹克运动 | 东北大学 |
| 2019年 | 季朝新 | 沈阳市体育特色小镇发展路径研究 | 沈阳市哲学社会科学联合会 |
| 2019年 | 季朝新 | 田径运动员可穿戴设备数据与采集系统 | 辽宁友道 |
| 2019年 | 逯明智 | 东北大学公共体育课雪上项目教学实践与创新研究 | 东北大学 |
| 2019年 | 逯明智 | 东北大学滑雪课教师教学能力提升研究 | 东北大学 |
| 2019年 | 于明 | 速度轮滑跟踪系统与数据采集系统 | 沈阳市中腾众创 |
| 2019年 | 于明 | 速度滑冰跟踪系统和数据采集系统 | 沈阳云动力教育科技有限公司 |
| 2019年 | 王晓梅 | 辽宁省非正式体育组织融入全民健身战略研究 | 辽宁省社会科学规划基金办公室 |
| 2019年 | 杨海东 | 运动类APP应用于体育课程教学内容改革的研究与实践 | 东北大学 |
| 2019年 | 欧阳博文 | 新时代下公安干警警务实战化培训模式的构建研究 | 辽宁省体育科学学会 |
| 2019年 | 孙哲 | 习近平总书记体育工作文献汇整与价值挖掘研究 | 辽宁省社会科学联合会 |
| 2019年 | 王兴华 | 多维训练法在"一流大学"网球教学中的应用研究 | 辽宁省教育科学规划基金办公室 |
| 2019年 | 姜晓宏 | 多维训练法在"一流大学"网球教学中的应用研究 | 辽宁省教育科学规划基金办公室 |
| 2019年 | 梁青 | 体育教学改革背景下"慕课+翻转课堂"在高校公共羽毛球选修课中的实验研究 | 中国体育科学学会 |

表10-1（续）

| 时间 | 姓名 | 课题名称 | 立项单位 |
|------|------|----------|----------|
| 2019年 | 马旭 | 辽宁小额贷款公司风险管理研究 | 辽宁省社会科学规划基金办公室 |
| 2019年 | 陈松 | 2019年沈阳市中小学生体质健康监测项目 | 沈阳市教育局 |
| 2019年 | 曹盛民 | "互联网+体育"环境下羽毛球课堂教学方法改革的探索与实践 | 东北大学教务处质量工程 |
| 2020年 | 逯明智 | 创新驱动视域下的辽宁冰雪旅游产业发展战略研究 | 辽宁省社会科学规划基金办公室 |
| 2020年 | 孙哲 | 习近平总书记体育工作文献汇整与价值挖掘研究 | 辽宁省社会科学规划基金办公室 |
| 2020年 | 王兴华 | 推拉交互模型：建设辽宁滑雪市场可持续发展研究 | 东北大学 |
| 2020年 | 陈松 | 2020年沈阳市中小学生体质健康水平检测 | 沈阳市教育局 |
| 2020年 | 季朝新 | 沈阳市体育特色小镇建设的发展路径研究 | 沈阳市哲学社会科学联合会 |
| 2020年 | 赵崇乐 | 我国公共体育服务供给侧结构性改革中的政府激励工具研究 | 教育部 |
| 2020年 | 梁青 | 体育教学改革背景下"慕课+翻转课堂"在高校公共羽毛球选修课中的实验研究 | 中国体育科学学会 |
| 2020年 | 毛羽鹏 | 冬季运动项目的运动训练监测技术服务 | 东北师范大学 |
| 2020年 | 孙哲 | 我国职业篮球教练员胜任特征与工作绩效关系实证研究 | 东北大学 |
| 2020年 | 杨春卉 | 排球课程中所蕴含的课程思政教育元素研究 | 东北大学人事处 |
| 2020年 | 金刚 | 信息化背景下的足球训练智慧化教学研究与实践 | 教师发展专项重点项目、东北大学人事处 |
| 2020年 | 孙玉宁 | 课程思政——奥林匹克运动 | 东北大学教改项目 |
| 2020年 | 孙玉宁 | 学生体质健康大数据促进体育课分层教学改革思路研究 | 东北大学 |
| 2020年 | 金刚 | 公共体育足球专项课课程思政建设 | 课程思政建设校级示范课立项、东北大学宣传部 |

表10-1（续）

| 时间 | 姓名 | 课题名称 | 立项单位 |
|---|---|---|---|
| 2020年 | 金刚 | 基于虚拟仿真的足球运动智慧化训练 | 通识交叉性课程建设立项、东北大学教务处 |
| 2020年 | 金刚 | 高校足球智能训练教程 | 东北大学教务处百种优质教材建设立项 |
| 2020年 | 金刚 | 足球运动智慧化训练 | 东北大学教务处通识类课程建设 |
| 2020年 | 刘力瑜 | 推拉交互模型：建设辽宁滑雪市场可持续发展研究 | 东北大学 |
| 2020年 | 姜晓宏 | 高校体育引领全民健身运动机制研究 | 东北大学 |
| 2020年 | 姜晓宏 | 我国网球文化传承新途径的探索 | 辽宁师范大学 |
| 2020年 | 姜晓宏 | 新时代中国国际体育话语权提升路径研究 | 辽宁师范大学 |
| 2020年 | 陈家鸣 | 重大疫情背景下高校学生居家体育锻炼行为习惯的培养路径研究 | 沈阳师范大学 |
| 2020年 | 杨海东 | 非正式体育组织融入全民健身国家战略研究 | 辽宁省社会科学规划基金办公室 |
| 2021年 | 杨海东 | 数字体育助力体育强国建设研究 | 国家体育总局 |
| 2021年 | 逯明智 | 冰雪运动进校园体制机制与实践路径研究 | 中国大学生体育协会 |
| 2021年 | 王兴华 | 共建冰雪丝路：辽宁省满族冰嬉的文化资本转化机制研究 | 辽宁省社会科学规划基金办公室 |
| 2021年 | 金刚 | 基于虚拟仿真的足球运动智慧化教学模式研究 | 辽宁省社会科学规划基金办公室 |
| 2021年 | 逯明智 | 创新驱动视域下的辽宁冰雪旅游产业发展战略研究 | 辽宁省社会科学规划基金办公室 |
| 2021年 | 姜晓宏 | 基于公共服务均等化背景下沈阳市养老服务发展的研究 | 沈阳市发展和改革委员会 |
| 2021年 | 赵崇乐 | 基于认知负荷理论的普通高校公共体育篮球课教学设计与实践研究 | 中国高等教育学会 |
| 2021年 | 陈松 | 沈阳市中小学生体质健康监测 | 沈阳市教育局 |
| 2021年 | 于明 | 综合应急通信指挥系统开发 | 东北大学 |

表10-1（续）

| 时间 | 姓名 | 课题名称 | 立项单位 |
|------|------|---------|---------|
| 2021年 | 张博文 | 新发展理念下沈阳冰雪经济发展的对策研究 | 沈阳市社科联 |
| 2021年 | 季朝新 | 沈阳体育特色小镇建设的发展路径研究 | 沈阳市哲学社会科学联合会 |
| 2021年 | 赵崇乐 | 我国公共体育服务供给侧结构性改革中的政府激励工具研究 | 教育部 |
| 2021年 | 孙哲 | 越野滑雪夏季化训练方法体系研究 | 东北大学科技处 |
| 2021年 | 回军 | 社会体育指导与管理专业校外实习基地建设研究 | 东北大学 |
| 2021年 | 孙玉宁 | "五育并举"框架下打造体育育人功能研究 | 东北大学 |
| 2021年 | 金刚 | 足球裁判法（混合式教学） | 东北大学 |
| 2021年 | 韩冰 | 气排球（能力引导性课程2身心素养） | 东北大学 |
| 2021年 | 金刚 | 足球运动智慧化训练 | 东北大学 |
| 2021年 | 金刚 | 信息化背景下的足球训练智慧教学研究与实践 | 东北大学 |
| 2021年 | 杨春卉 | 排球课程中所蕴含的课程思政教育元素 | 东北大学 |
| 2022年 | 梁青 | 体育教师教学风格与大学生锻炼坚持性关系研究 | 辽宁省体育科学学会规划 |

## 二、获奖情况

表10-2 东北大学体育部教师科研获奖汇总

| 时间 | 人员 | 获奖题目 | 奖项名称 |
|------|------|---------|---------|
| 1994年 | 姜庆祥 | "双弧线"起跑线的测画与布置 | 辽宁省第八届高校体育学术论文报告会二等奖 |
| 1995年 | 姜庆祥 | 加强教研室建设 推动教书育人工作 | 冶金高等教育学会三等奖 |
| 1996年 | 姜庆祥 | 田径赛检查工作的实践及疑难问题的处理 | 辽宁省田径裁判论文报告会二等奖 |

表10-2（续）

| 时间 | 人员 | 获奖题目 | 奖项名称 |
|---|---|---|---|
| 1998年 | 姜庆祥 | 不断探索教书育人的途径与方法 培养高素质人才 | 沈阳市体育科学学会三等奖 |
| 2000年 | 翁丽萍 | "创造教育式"教学模式的构建及在素质教育中的效应探析 | 中华人民共和国第六届大学生运动会科学论文报告会国家级三等奖 |
| 2001年 | 曹冰 | 五城市大学生余暇体育活动的比较研究 | 辽宁省教育委员会科研成果奖 |
| 2003年 | 杨春卉 | 对排球意识的心理学研究 | 辽宁省学校体育协会高等院校论文报告会三等奖 |
| 2003年 | 曲辉 | 高校体育素质教育研究的现状及方向 | 辽宁省学校体育协会高等院校论文报告会三等奖 |
| 2003年 | 孙玉宁 | 浅谈世界排球后排进攻的特点 | 辽宁省高校论文报告会三等奖 |
| 2004年 | 于志江、杜成林 | 篮球基本技术与战术 | 电视教材获中国电化教育协会普通高校体育电教专业委员会优秀体育教材一等奖 |
| 2004年 | 张锐锋 | 20世纪中国高等教育——辽宁高校体育 | 辽宁省"十五"规划课题一等奖 |
| 2004年 | 张锐锋 | 高校在"体育与健康"教学中促进学生个性健康发展的实验研究 | 辽宁省"十五"规划课题二等奖 |
| 2004年 | 张锐锋 | 关于高校"体育与健康"课程新体系的研究 | 辽宁省"十五"规划课题三等奖 |
| 2004年 | 翁丽萍 | 校园健美操CAI课件 | 中国电化教育协会普通高校体育电教专业委员会优秀CAI课件一等奖 |
| 2004年 | 姜晓宏 | 网球CAI课件 | 中国电化教育协会普通高校体育电教专业委员会优秀体育教材一等奖 |
| 2004年 | 曹盛民 | 关于高校体育与健康课程新体系的研究 | 辽宁省"十五"首批教育科学优秀成果三等奖 |
| 2004年 | 曹盛民 | 乒乓球基本技术 | 中国电化教育协会普通高校体育电教专业委员会优秀教材二等奖 |

表10-2（续）

| 时间 | 人员 | 获奖题目 | 奖项名称 |
|---|---|---|---|
| 2004年 | 王浩家 | 高等学校"体育与健康"教学中促进学生健康发展的实验研究 | 辽宁省"十五"首批教育科学优秀成果二等奖 |
| 2005年 | 刘和臣 | 太极拳双语教学课件 | 中国学校体育研究会体育双语教学专业委员会二等奖 |
| 2005年 | 刘和臣 | 大学体育课采用双语教学分析 | 中国学校体育研究会体育双语教学专业委员会论文三等奖 |
| 2005年 | 张锐锋 | 拓展学校体育功能 促进生命教育的调查和研究 | 辽宁省自然科学奖三等奖 |
| 2005年 | 俞丽萍 | 沈阳市高校冰雪课程开展的现状调查与发展对策研究 | 中华人民共和国第十一届冬运会科学论文报告会大会交流二等奖 |
| 2005年 | 曹盛民 | 拓展学校体育功能 促进生命教育的调查研究 | 辽宁省自然科学学术成果二等奖 |
| 2005年 | 杨春卉 | 排球规则 | 中国学校体育研究会体育课程双语教学专业委员会第一届学术年会优秀课件二等奖 |
| 2006年 | 曹盛民 | 学校体育促进学生普通艺术素质发展的对策研究 | 辽宁省"十五"教育科学优秀成果二等奖 |
| 2006年 | 曹盛民 | 高校体育多媒体与网络教学系列课件的开发与应用研究 | "十五"全国学校体育卫生科研课题一等奖 |
| 2006年 | 曹盛民 | 学校体育促进学生普通艺术素质发展的对策研究 | 辽宁省自然科学学术成果二等奖 |
| 2006年 | 曹盛民 | 乒乓球教学CAI课件 | 中国教育技术协会普通高校体育教学专业委员会课件一等奖 |
| 2007年 | 王浩家 | 发挥地源优势创建普通高校体育精品课的实践研究 | 第四届中国学校体育科学大会二等奖 |
| 2007年 | 逯明智 | 生态哲学视野下的体育文化建构研究 | 辽宁省教育厅社会科学界联合会结题表彰会一等奖 |
| 2008年 | 杨春卉 | 排球规则 | 中国学校体育研究会体育课程双语教学优秀课件 |

表10-2（续）

| 时间 | 人员 | 获奖题目 | 奖项名称 |
|------|------|----------|----------|
| 2012年 | 杨海东 | 辽宁高校竞技体育可持续发展研究 | 沈阳市社会科学优秀学术成果三等奖 |
| 2014年 | 刘和臣 | 浅谈健身搏击操的价值 | 2014年全国高等教育院校体育教学训练论文报告会二等奖 |
| 2014年 | 梁青 | 体育舞蹈课程立体化教学模式设计 | 2014年全国高等教育院校体育教学训练论文报告会二等奖 |
| 2014年 | 孙玉宁 | 排球规则简易化的制定对排球课影响的应用研究 | 第三届全国大中小学排球科研论文报告会三等奖 |
| 2014年 | 韩冰 | 小团队教学在高校排球教学中的应用 | 第三届中国大中学校排球科研论文报告会三等奖 |
| 2014年 | 逯明智 | 小群体教学在普通高校速度轮滑选项课中的实践研究 | 2014年全国高等院校体育教学训练论文报告会一等奖 |
| 2015年 | 梁青 | 实行高校俱乐部型体育管理模式探究 | 第三届全国素质教育教研一等奖 |
| 2015年 | 姜晓宏 | 高校大学生体质健康状况与改善对策研究 | 辽宁省体育科学学会科研项目三等奖 |
| 2015年 | 姜晓宏 | 支架式教学法在高校排球教学中的应用研究 | 辽宁省体育科学学会科研项目二等奖 |
| 2015年 | 姜晓宏 | 基于体育教学改革视角对大学生个性体质健康促进研究 | 辽宁省体育科学学会科研项目三等奖 |
| 2015年 | 孙玉宁 | 支架式教学法在高校排球教学中的应用研究 | 辽宁省体育科学学会专项课题二等奖 |
| 2015年 | 解欣 | 基于体育教学改革视角对大学生个性化体质健康促进研究 | 辽宁省体育科学学会专项研究类三等奖 |
| 2015年 | 解欣 | 迁移教学法在高校排球教学中的运用研究 | 辽宁省体育科学学会专项研究类二奖等 |
| 2015年 | 韩冰 | 支架式教学法在高校排球教学中的应用研究 | 辽宁省体育科学学会专项研究二等奖 |
| 2015年 | 马旭 | 目标教学法在乒乓球教学中的应用研究 | 辽宁省体育科学学会专项特等奖 |

表10-2（续）

| 时间 | 人员 | 获奖题目 | 奖项名称 |
|---|---|---|---|
| 2015年 | 马旭 | 引导体验式教学法在高职田径教学中的应用研究 | 辽宁省体育科学学会专项三等奖 |
| 2015年 | 逯明智 | 北方院校冬季项目教学模式创新探究 | 2015年全国高等院校体育教学训练论文报告会二等奖 |
| 2018年 | 曹盛民 | 基于政策文本的我国高校体育竞赛政策统计分析 | 二十四届全国体育统计论文报告会二等奖 |
| 2018年 | 王兴华 | 休闲滑雪中滑雪参与动机及消费行为偏好研究 | 2018长白山学术论坛：冰雪文化与中国当代民族传统体育发展研讨会一等奖 |
| 2018年 | 逯明智 | 辽宁高校冰雪运动教学实践探究 | 2018年高等院校体育教学训练改革发展论坛二等奖 |
| 2019年 | 回军 | 主体性教学模式在体育课教学中的实验运用 | 东北大学优秀本科教育教学案例 |
| 2019年 | 金刚 | 足球裁判法 | 东北大学优秀网络课程一等奖 |

# 第十一章 专利篇

**表 11-1 东北大学体育部教师专利汇总**

| 时间 | 人员 | 专利名称 | 授予专利 |
|------|------|----------|----------|
| 2014年 | 姜晓宏 | 一种用于发正手高远球的羽毛球训练器 | 实用新型专利证书 |
| 2014年 | 姜晓宏 | 一种用于正、反手击高远球的羽毛球训练器 | 实用新型专利证书 |
| 2014年 | 姜晓宏 | 一种用于等离子镜壳与输尿管镜之间的水封 | 实用新型专利证书 |
| 2018年 | 翁丽萍 | 适用于体育教学球类新型放置车 | 实用新型专利证书 |
| 2018年 | 翁丽萍 | 一种体育教学用多功能双杠 | 实用新型专利证书 |
| 2020年 | 赵崇乐 | 八握位背部训练器配件把手 | 实用新型专利证书 |
| 2020年 | 赵崇乐 | 便携滑板式多功能健身器 | 实用新型专利证书 |
| 2021年 | 马增玉 | 跑步机云软件 | 软件著作权 |
| 2021年 | 陈家鸣 | 体育场馆会所运营管理系统 | 软件著作权 |
| 2021年 | 杨海东 | 体育教学综合考评评估管理系统 | 软件著作权 |
| 2021年 | 杨海东 | 运动技术动作智能化演示分析软件 | 软件著作权 |
| 2021年 | 刘力瑜 | 乒乓球赛事视频管理系统 | 软件著作权 |
| 2021年 | 李一良 | 体育健身工程实施效果GIS平台 | 软件著作权 |

# 第四部分
## 执裁情况

# 第十二章　执裁情况一览

表12-1　东北大学体育部教师执裁赛事汇总

| 姓名 | 执裁赛事 |
|---|---|
| 陈　松 | 2008年北京冬奥会沙滩排球技术官员 |
| | 2009年第十一届全运会沙滩排球裁判员 |
| | 2010年广州亚运会沙滩排球裁判员 |
| | 2011年世界大学生运动会沙滩排球裁判员 |
| | 2011年日本北海道速度滑冰世界青年锦标赛（青年世界杯）裁判员 |
| | 2012年世界杯速度滑冰项目裁判员 |
| | 2013年速度滑冰世界青年锦标赛裁判员 |
| | 2013年欧洲速度滑冰锦标赛裁判员 |
| | 2015年欧洲速度滑冰锦标赛裁判员 |
| | 2015年速度滑冰世界青年锦标赛裁判员 |
| | 2016年国际滑联世界杯级赛事裁判员（日本） |
| | 2017年亚洲冬季运动会速度滑冰 |
| | 2018年国际滑联世界杯日本站 |
| | 2019年中国速度滑冰队国际直通车比赛 |
| | 2019年中华人民共和国十四届冬运会资格赛 |
| | 2019年速度滑冰世界杯比赛哈萨克斯坦站 |
| | 2020年速度滑冰世界杯第三站 |

表12-1（续）

| 姓名 | 执裁赛事 |
|------|---------|
| | 2021—2022年度国际滑联世界杯选拔赛 |
| | 2021—2022年度相约北京系列测试赛 |
| | 2022年北京冬奥会速度滑冰比赛 |
| 孙玉宁 | 2008年全国速度滑冰联赛第六站 |
| | 2008年全国速度滑冰冠军赛 |
| | 2008年亚洲速度滑冰锦标赛（青年） |
| | 2009年亚洲速度滑冰锦标赛 |
| | 2010年全国速度滑冰联赛第五站 |
| | 2010年中国大学生男子篮球超级联赛 |
| | 2011年全国速度滑冰联赛、锦标赛 |
| | 2012年全国速度滑冰锦标赛 |
| | 2014年全国速度滑冰联赛 |
| | 2014年全国速度滑冰少年锦标赛 |
| | 2016年全国速度滑冰联赛第一站——乌鲁木齐 |
| | 2016年全国速度滑冰联赛第二站——哈尔滨 |
| | 2016年全国青年速度滑冰锦标赛 |
| | 2019全国冬季运动会速度滑冰资格赛 |
| | 2019年中华人民共和国十四届冬运会资格赛 |
| 曹 冰 | 2016年盘锦红海滩国际马拉松赛 |
| 陈家鸣 | 2002—2004年世界杯中国站短距离速度滑冰比赛 |
| | 第九届全国冬季运动会速度滑冰比赛 |
| | 第十届全国冬季运动会速度滑冰比赛 |
| | 2007年亚洲冬季运动会冬季两项比赛 |
| | 2008年全国冬运会越野和冬季两项比赛 |
| | 2009年国际越野、冬季两项巡回赛 |
| | 2009年哈尔滨第二十四届世界大学生冬季运动会 |

表12-1（续）

| 姓名 | 执裁赛事 |
|------|----------|
| | 2010年国际越野、冬季两项巡回赛暨瓦萨国际滑雪节 |
| | 2011年国际越野、冬季两项积分赛和冠军赛 |
| | 2012年全国冬季运动会高山滑雪比赛 |
| | 2016年盘锦红河滩国际马拉松赛 |
| | 2018年沈阳国际马拉松赛 |
| 翁丽萍 | 2015—2016年全国啦啦操联赛 |
| | 2017年全国啦啦操联赛（裁判长） |
| | 2019年中国沈阳少儿啦啦操精英赛（总裁判长） |
| | 2019年中国沈阳少儿啦啦操精英赛（总裁判长） |
| | 2021年中国少儿啦啦操精英赛（总裁判长） |
| | 2021年中国少儿啦啦操精英赛（总裁判长） |
| 姜晓宏 | 2008年北京奥运会、残奥会网球比赛 |
| | 2005—2010年中国网球公开赛 |
| | 2015年中国网球公开赛 |
| | 2010年广州亚运会网球比赛 |
| | 2013年第十二届全运会网球赛 |
| | 2016年ITF国际女子网球比赛（中国玉溪站） |
| | 2017年天津网球公开赛国际比赛 |
| | 2017年奈曼国际女子网球比赛 |
| | 2018年女子国际网球巡回赛 |
| | 2019年马德里大师赛 |
| | 2019年温布尔顿网球锦标赛 |
| | 2019年第二十四届中国大学生网球锦标赛 |
| | 2019年第七届世界军人运动会 |
| | 2019年上海大师赛 |
| | 2020年中国网球巡回赛精英级总决赛 |

表12-1（续）

| 姓名 | 执裁赛事 |
|------|----------|
| | 中华人民共和国第十四届运动会网球比赛 |
| | 中华人民共和国第十一届残疾人运动会网球比赛第八届特殊奥林匹克运动会网球比赛 |
| 梁 青 | 2008年第十三届残奥会 |
| | 2009年第十八届亚洲田径锦标赛 |
| | 2010年第十六届亚洲运动会 |
| | 2011年第二十六届世界大学生运动会 |
| | 2013年第二届亚洲青年运动会 |
| | 2014年第二届青年奥运会 |
| | 2015年国际田联世界田径锦标赛 |
| | 2017年中华人民共和国第十三届运动会 |
| | 2018年亚洲越野锦标赛 |
| | 2019年第七届世界军人运动会 |
| | 2019年璧山国际半程马拉松赛 |
| | 2019年晋中半程国际马拉松赛 |
| | 2019营口·鲅鱼圈国际马拉松赛 |
| | 2019年大别山国际马拉松赛 |
| | 2019年荔波国际马拉松赛 |
| | 2019年全国田径锦标赛 |
| | 2019年世界田径锦标赛选拔赛 |
| 白 莹 | 2016年全国橄榄球冠军赛 |
| | 2016年全国橄榄球锦标赛 |
| 王景利 | 2016年盘锦红海滩国际马拉松赛 |
| | 2017年全国青少年田径锦标赛 |
| 徐拥军 | 2016年沈阳智美国际马拉松赛 |
| 曹盛民 | 2006年全国少年速度滑冰锦标赛 |
| | 2007年全国少年速度滑冰锦标赛 |

表12-1（续）

| 姓名 | 执裁赛事 |
|------|----------|
| | 2013年营口·鲅鱼圈国际马拉松赛，第十二届全国运动会马拉松赛 |
| | 2014年营口·鲅鱼圈国际半程马拉松赛 |
| | 2015年郑开国际马拉松比赛 |
| 回 军 | 2010年全国速度滑冰联赛裁判工作 |
| | 2011年"361°"中国大学生篮球超级联赛 |
| | 2012年"361°"中国大学生篮球超级联赛 |
| | 2013年"361°"中国大学生篮球超级联赛 |
| | 2013年十二届全运会竞走测试赛裁判工作 |
| | 2013年十二届全运会铁人三项测试赛 |
| | 2014年中国大学生篮球超级联赛 |
| | 2016年营口·鲅鱼圈国际马拉松赛 |
| | 2018沈阳国际马拉松赛 |
| 杨 波 | 2004年全国健美操联赛 |
| | 2011年全国健美操联赛 |
| | 2012年全国健美操联赛 |
| | 2013年全国健美操联赛 |
| | 2005年全国艺术体操比赛 |
| | 2006年全国艺术体操比赛 |
| | 2006年全国艺术体操锦标赛 |
| | 2007年全国艺术体操比赛 |
| | 2007年全国艺术体操冠军赛 |
| | 2007年好运北京世界艺术体操比赛 |
| | 2008年北京奥运会艺术体操比赛（国内技术官员） |
| | 2008年全国青少年艺术体操锦标赛 |
| | 2016年全国大学生阳光健身跑 |
| | 2017全国全民健身操大赛 |
| | 2019全国全民健身操舞大赛 |

表12-1（续）

| 姓名 | 执裁赛事 |
|------|---------|
| 杨海东 | 2012年"幸福MALL杯"营口·鲅鱼圈国际马拉松赛暨全运会测试赛 |
| | 2013年全国第十二届运动会"特步杯"田径（竞走）比赛 |
| | 2015年沈阳国际马拉松赛 |
| | 2012年全国青少年羽毛球锦标赛 |
| | 2013年中华人民共和国第十二届运动会羽毛球比赛 |
| | 2014年全国羽毛球单项锦标赛 |
| | 2011年"361°"中国大学生篮球超级联赛 |
| | 2012年"361°"中国大学生篮球超级联赛 |
| | 2013年"361°"中国大学生篮球超级联赛 |
| | 2014年中国大学生篮球超级联赛 |
| | 2014年中国大学生篮球CUBA联赛 |
| | 2016年全国校园路跑接力赛东北赛区选拔赛 |
| | 2017年全国校园路跑总决赛 |
| | 2018年沈阳国际马拉松赛 |
| | 2021—2022年度国际雪橇联合会雪橇世界杯 |
| | 2022年北京冬奥会雪橇项目（技术官员） |
| 张楠楠 | 2011年全国速度滑冰锦标赛 |
| | 2012年全国速度滑冰锦标赛 |
| | 2013年全国速度滑冰锦标赛 |
| | 2014年全国速度滑冰锦标赛 |
| | 2016年沈阳国际马拉松 |
| | 2016年全国速度滑冰冠军赛 |
| | 2016年全国速度滑冰联赛大庆站 |
| | 2017年全国速度滑冰第二站 |
| | 2017年全国速度滑冰第四站 |
| | 2018年沈阳国际马拉松赛 |

表12-1（续）

| 姓名 | 执裁赛事 |
|------|----------|
| 毛羽鹏 | 2016—2017年全国速度滑冰锦标赛新疆站、长春站 |
| | 2019年全国第二届青年运动会速度滑冰比赛 |
| | 2019年速度滑冰冬奥会国际直通赛 |
| | 2020年"滑向2022系列赛"速度滑冰比赛 |
| | 2020年"相约北京"北京冬奥会系列赛事 |
| | 2022年北京冬奥会速度滑冰比赛 |
| 解　欣 | 2016年智美国际马拉松赛 |
| | 2018年营口·鲅鱼圈国际马拉松赛 |
| 刘和臣 | 中华人民共和国公安部第二届公安系统武术搏击比赛 |
| | 2016年第二届沈阳国际传统武术锦标赛 |
| | 2016年全国太极拳比赛 |
| 张锐锋 | 2016年中华人民共和国第十三届冬季运动会 |
| | 2016年全国大众马拉松速度滑冰公开赛新疆噶纳斯站 |
| | 2016年全国大众马拉松速度滑冰公开赛长春站 |
| | 2016年全国大众马拉松速度滑冰公开赛延庆站 |
| | 2015—2016年国际滑联速度滑冰青年世界杯决赛 |
| | 2016年全国冠军赛新疆乌鲁木齐速度滑冰比赛 |
| 曹盛民 | 2016年盘锦国际马拉松比赛 |
| | 2017年全国体育运动学校联合会田径锦标赛暨全国少年田径锦标赛 |
| | 2017年盘锦红海滩国际马拉松赛 |
| | 2017年沈阳国际马拉松赛 |
| | 2019年火山源冷矿泉全国田径锦标赛 |
| | 2019年世界田径锦标赛选拔赛 |
| 关荣鑫 | 2016年中华人民共和国第十三届冬季运动会 |
| | 2016年科罗娜单板滑雪世锦赛 |
| | 2015—2016年全国单板、自由式滑雪U型场地冠军赛 |

**表12-1（续）**

| 姓名 | 执裁赛事 |
|------|---------|
| | 2015—2016年特步中国大学生五人制足球联赛 |
| | 2016—2017年全国自由式滑雪U型场地锦标赛评分裁判员 |
| | 2016—2017年全国单板滑雪U型场地锦标赛评分裁判员 |
| | 2017年全国单板滑雪大跳台和破面障碍技巧冠军赛评分裁判员 |
| | 2016—2017年全国单板滑雪U型场地冠军赛评分裁判员 |
| | 2017年香蕉公开赛夏季赛评分裁判员 |
| | 2017年英菲尼迪沸雪北京国际雪联单板滑雪大跳台世界杯评分裁判员 |
| | 2017年全国大学生路跑总决赛 |
| | 2017年全国大众单板平行大回转中国滑雪协会 |
| | 2018—2019年中国青少年滑雪大奖赛（裁判长） |
| | 2018—2019年中国滑雪公开赛（裁判长） |
| | 2018—2019年度全国单板滑雪大跳台和坡面障碍技巧冠军赛 |
| | 2018—2019年度全国自由式大跳台和坡面障碍技巧冠军赛 |
| | 2019—2020年全国单板大跳台和坡面障碍技巧锦标赛 |
| | 2020—2021年自由式及单板滑雪大跳台对抗赛 |
| | 2020—2021赛季全国单板滑雪大跳台和坡面障碍技巧锦标赛 |
| | 2020—2021赛季全国自由式滑雪大跳台和坡面障碍技巧冠军赛 |
| | 2020—2021赛季全国单板滑雪大跳台和坡面障碍技巧锦标赛 |
| | 2021—2022赛季自由式滑雪坡面障碍技巧国际雪联积分赛 |
| | 2022年北京冬奥会坡面障碍技巧项目 |
| 杨 謖 | 2016年中华人民共和国第十三届冬季运动会单板、U型场地 |
| | 2016年全国单板、自由式滑雪U型场地冠军赛 |
| | 2016年科罗娜单板滑雪世锦赛 |
| | 2016年中国大学生校园路跑接力赛 |
| | 2016—2017年全国自由式滑雪U型场地锦标赛评分裁判员 |
| | 2017年全国单板滑雪大跳台和破面障碍技巧冠军赛评分裁判员 |

表12-1（续）

| 姓名 | 执裁赛事 |
|------|----------|
| | 2016—2017年全国单板滑雪U型场地冠军赛评分裁判员 |
| | 2018—2019年度全国单板滑雪大跳台和坡面障碍技巧冠军赛 |
| | 2020—2021年自由式及单板滑雪旱雪大跳台对抗赛 |
| | 2022年北京冬奥会坡面障碍技巧项目技术官员 |
| 杨春卉 | 2011年第二十六届世界大学生运动会 |
| | 2010年第十六届亚运会 |
| | 2008、2009、2010、2011年全国排球联赛 |
| | 2016年全国排球联赛 |
| | 2019全国排球联赛 |
| | 2020全国排球联赛 |
| 马旭 | 2016"三走赢未来"全国高校户外运动队挑战赛 |
| 逯明智 | 2011年全国单板滑雪U型场地冠军赛 |
| | 2011年全国单板滑雪U型场地滑雪锦标赛 |
| | 2011年辽宁省单板滑雪U型场地锦标赛 |
| | 2011年国际雪联单板滑雪世界杯比赛 |
| | 2010年辽宁省第十一届运动会青少年组U型场地单板雪上技巧比赛 |
| | 2009—2010年全国单板U型场地滑雪锦标赛 |
| | 2008年中华人民共和国第十一届冬季运动会 |
| | 2009年世界大学生冬季运动会 |
| | 2016年中华人民共和国第十三届冬季运动会 |
| | 2016年全国单板滑雪自由式滑雪U型场地锦标赛 |
| | 2016年科罗娜单板滑雪世锦赛 |
| | 2017全国单板滑雪大跳台和破面障碍技巧冠军赛 |
| | 2019年全国第二届青年运动会单板滑雪U型场地 |

表12-1（续）

| 姓名 | 执裁赛事 |
|------|---------|
| 欧阳博文 | 2016年葫芦岛"绥中支行杯"全国少年跆拳道锦标赛 |
| | 2016年全国跆拳道锦标赛 |
| | 第三届中国沈阳国际跆拳道公开赛 |
| | 2018年沈阳国际马拉松赛 |
| | 2018年营口·鲅鱼圈国际马拉松赛 |
| 王晓梅 | 2016年第二届沈阳国际传统武术锦标赛 |
| 金刚 | 2016年"哥德杯"世界青少年足球赛 |
| | 2019年"和平杯"国际足球邀请赛 |
| 赵崇乐 | 2016年中国大学生3对3篮球赛辽宁赛区 |
| | 2017年中国大学生3对3篮球赛 |
| | 2018年沈阳国际马拉松赛 |
| | 2020—2021赛季中国大学生3对3篮球联赛 |
| 赵崇乐 | 国际雪橇联合会雪橇世界杯 |
| | 2022年北京冬奥会雪橇项目技术官员 |
| 刘力瑜 | 2016年ITTF残疾人乒乓球中国公开赛 |
| | 2016年第二十三届东南亚地区青少年体育友好交流大会 |
| | 2017年全国乒乓球锦标赛（U15）暨全国少年乒乓球锦标赛 |
| | 中国乒乓球协会会员联赛"工商银行杯"鞍山赛区 |
| | 2020年全国少年乒乓球锦标赛 |
| | 东京奥运会乒乓球热身赛 |
| | 全国青年锦标赛（乒乓球） |
| | 国际雪联跳台滑雪和北欧两项洲际杯 |
| | 2022年北京冬奥会跳台滑雪和北欧两项 |
| 陈泓冰 | 2019年全国游泳锦标赛 |
| | 2019年全国青年游泳锦标赛青运会预选赛 |
| | 2019年全国游泳城市系列赛 |

表12-1（续）

| 姓名 | 执裁赛事 |
|------|----------|
| 孙　哲 | 2017年全国大学生校园路跑接力赛总决赛 |
| 王兴华 | 2017年大连网球公开赛 |
| | 2017年天津网球公开赛 |
| | 2018年中国网球公开赛 |
| | 中华人民共和国第十四届运动会网球比赛 |
| | 2022年北京冬奥会U型场地项目技术官员 |
| 王　震 | 2020年中国冰雪"滑向2022系列赛"（滑冰项目） |
| 王晓东 | 2017年全国大学生校园路跑接力赛总决赛 |
| 王浩家 | 2016—2017年全国大众速度滑冰马拉松系列赛第四站 |
| | 2017年全国大学生校园路跑接力赛总决赛 |
| 刘冠铭 | 2017年第五届"华育杯"辽宁省中学生篮球锦标赛 |
| | "澳洲虎杯"2019国际男篮超级争霸赛记录台裁判 |
| | 2019—2020赛季中国男子篮球联赛（CBA）辽宁赛区记录台裁判 |
| | 2020中国男子篮球职业联赛辽宁赛区记录台裁判 |
| | 2021年全国（U19）青年篮球联赛男子组第一阶段 |
| 王一鸣 | 2019年全国田径锦标赛 |
| | 2019年世界田径锦标赛预选赛 |
| 张博文 | 2022年北京冬奥会冬季两项 |
| 季朝新 | 2018年沈阳国际马拉松赛 |
| | 2021—2022年度相约北京系列测试赛 |
| | 2022年北京冬奥会越野滑雪项目技术官员 |
| 厉中山 | 2019年全国轮滑锦标赛 |
| 李一良 | 2019年全国游泳锦标赛 |
| 王儒轩 | 2021—2022年国际雪联单板自由式障碍追逐世界杯 |
| | 2022年北京冬奥会障碍追逐 |

# 第五部分

# 荣　誉

# 第十三章　东北大学在各类
# 运动会上连续夺魁

　　1929年5月，第十四届华北运动会由东北大学筹备主办，张学良亲自主持成立华北运动会筹委会，设委员25人，常委7人；张学良及夫人分别担任运动会的正、副名誉会长；黑龙江、吉林、奉天、直隶、河南、山东、山西、陕西等8省136所学校的1431名运动员参加了比赛。东北大学田径代表队得奖"殆居其半"，以140分的成绩获团体总分第一名，而实力雄厚的北京师范大学队以70分成绩位列第二。这次大会推动了东北大学体育运动的迅速发展。

吉、黑、奉联合运动会本校总分第一优胜纪念

1929年5月29日，第十四届华北运动会在东北大学体育场隆重举行，
张学良校长被选为大会名誉主席，图为校长张学良在华北运动会上训词

张学良弟弟张学铭（右一）任华北运动会总裁判长
（左起：体育专修科主任郝更生、副校长刘风竹）

刘长春在第十四届华北运动会上
优胜，200m成绩打破全国纪录

第十四届华北运动会10000m优胜，
第一姜云龙、第二陈凤生、第三庞世荣

王玄基打破全国纪录

第十四届华北运动会5000m优胜，第一姜云龙、第二陈凤生、第三刘宗贤

第十四届华北运动会400m优胜，
第一刘长春、第三蔡芳圃

第十四届华北运动会800m优胜，
第一王玄基、第三庞世荣

东北大学学生在第十四届华北运动会上取得成绩汇总：东大学生刘长春夺得100m、200m、400m三项冠军，创造了100m成绩10″8的全国纪录。东大女生参加运动会10余人，其中富一厂、马素心创50m新纪录，成绩为8″。东大在此次运动会上共获得金标11个、银鼎2个、象匣2个、银盾6个、奖牌15个、银环18个、扎具器1套。

第十四届华北运动会东北大学4×400m接力打破全国纪录

1930年4月，第四届全国运动会在杭州举行，全国有23个省、市、特区和华侨团体参加。在男子8项径赛中，除800m和4×200m接力两项外，东北大学囊括全部冠军奖牌，并且创造了10000m和4×400m接力两项全国纪录；在男子7项田赛中，也取得2项前3名的好成绩。以东大为主的奉天省代表队以49分的成绩名列团体总分第一，刘长春以15分获个人总分第一名。会后，东北大学举行欢庆大会，祝贺甩掉"关东体育白帽子"。张学良高兴地说：刘长春是东北和全国的光荣。我们能培养出这样的名将来，该多么的骄傲。具体成绩如表13-1。

表13-1　1930年第四届全国运动会东北大学选手成绩

| 项目 | 获奖选手姓名 | 名次 | 备考 |
| --- | --- | --- | --- |
| 100m | 刘长春 | 第一名 | 平全国纪录（10″8） |
| 200m | 刘长春 | 第一名 | |
| 400m | 刘长春 | 第一名 | |
| 800m | 郎大奎 | 第二名 | |
| 1500m | 姜云龙 | 第一名 | |
| 10000m | 赵德新 | 第一名 | 创全国纪录（35′36″2） |
| 4×200m接力 | 东大队 | 第三名 | |
| 4×400m接力 | 东大队 | 第一名 | 创全国纪录（3′42″8） |
| 跳高 | 付宝瑞 | 第二名 | |
| 三级跳远 | 肖鼎华 | 第二名 | |

刘长春获男子100m、200m、400m三个第一名

为了纪念刘长春取得的成绩，杭州市把通往田径运动场的大马路改名为"长春路"，
图为东北大学体育专修科1947年毕业生黄文宪讲述参加第七届全国运动会时
参观"长春路"的情景

# 第十四章　近年来东北大学体育代表队所获荣誉

## 2003年

（1）2003年10月东北大学羽毛球队在辽宁石油化工大学举行的辽宁省BIEKE首届大学生羽毛球挑战赛中夺得团体冠军。

（2）2003年11月东北大学篮球队在沈阳市高校男子篮球比赛中获得冠军。

（3）2003年11月东北大学乒乓球队在沈阳市高校乒乓球比赛中获得男子团体第一名；男子单打第二名；女子单打第一名。

（4）2003年12月东北大学篮球队在福建师范大学举行的"TDBA"中国大学生三人篮球赛总决赛中获得第八名。

## 2004年

（1）2004年2月东北大学男子篮球队在西安举行的第七届全国大学生运动会篮球预赛中获得冠军。

（2）2004年2月东北大学冰壶队在八一冰上训练基地举行的全国冰壶冠军赛中获得男、女队第七名的成绩。

（3）2004年3月东北大学男子篮球队在哈尔滨举行的第六届CUBA东北赛区分区赛中获得第五名。

（4）2004年6月东北大学田径队在沈阳市大学生田径运动会中获得甲组男女团体总分第一名。

（5）2004年7月东北大学羽毛球队在第八届全国大学生羽毛球锦标赛中获得男子单打第四名、男子团体甲B第三名。

（6）2004年9月东北大学男子篮球队在上海举行的全国第七届大学生运动会中获得第七名。

（7）2004年10月东北大学羽毛球队在东北三省羽毛球锦标赛中获得男子单打冠军、男子双打冠军。

（8）2004年12月东北大学男子篮球队在首届全国大学生男子篮球超级联赛（北方赛区）比赛中获得冠军。

## 2005年

（1）2005年1月东北大学体操队在东北财经大学举行的辽宁省大学生健美操锦标赛中获得3人操第五名、6人操第八名、团体第四名。

（2）2005年3月东北大学男子篮球队在2004—2005赛季中国大学生男子篮球超级联赛中提前两轮获北区冠军。

（3）2005年3月东北大学男子篮球队在中国大学生男子篮球超级联赛中获得赛区贡献奖。

（4）2005年5月东北大学羽毛球队在铁岭举行的东北三省羽毛球赛中获得男子单打第1名。

（5）2005年6月东北大学田径队在沈阳体育学院举行的沈阳市大学生田径运动会上获得男子团体、女子团体、团体总分第一名。

（6）2005年7月东北大学田径队在青岛大学举行的全国第十届大学生田径锦标赛上获得女子10000m第四名；女子铅球第六名；女子1500m第六名、第八名；男子1500m第八名。

（7）2005年7月东北大学羽毛球队在辽宁石油化工大学举行的第九届全国大学生羽毛球赛中获得男子团体第八名、男子单打第8名。

（8）2005年7月东北大学羽毛球队在辽宁体育馆举行的全国首届羽毛球公开赛中获得混团北方赛区第二名。

（9）2005年10月东北大学橄榄球队在沈阳体育学院举行的"大禹杯"东北地区高校橄榄球邀请赛中获得杯级第二名及"体育道德风尚奖"。

（10）2005年11月东北大学乒乓球队在沈阳师范大学举行的沈阳市高校乒乓球比赛中获得女子单打第一名，男子单打第二名、第三名，男子团体第五名，同时获得"精神文明代表队"称号。

## 2006 年

（1）2006年5月东北大学羽毛球队在全国业余羽毛球锦标赛中获得团体亚军。

（2）2006年6月东北大学男子篮球队在第二届"联通新势力"中国大学生男子篮球超级联赛总决赛获得总冠军。

（3）2006年6月东北大学橄榄球队在沈阳体育学院举行的沈阳市高校七人制橄榄球比赛中获得冠军。

（4）2006年7月东北大学田径队在沈阳师范大学举行的辽宁省第七届大学生田径运动会中获得男子团体总分第一名、女子团体总分第二名、团体总分第一名。

（5）2006年7月东北大学羽毛球队在第十届全国大学生羽毛球锦标赛中获得男子双打第七名、团体第八名。

（6）2006年9月东北大学男子篮球队代表中国大学生参加在台湾举行的第一届亚洲大学生男子篮球锦标赛中获得第三名。

（7）2006年9月东北大学橄榄球队在青岛举行的"千禧地产杯"全国橄榄球冠军赛中获得第三名，同时获得精神文明奖。

（8）2006年10月东北大学橄榄球队在沈阳农业大学举行的"大禹杯"第二届东北地区高校橄榄球邀请赛中获的第三名，并获表演赛冠军和体育道德风尚奖。

## 2007 年

（1）2007年3月东北大学男子篮球队在第八届中国大学生运动会篮球比赛北方区预赛中获得冠军。

（2）2007年5月东北大学贾涛在"361°"娱乐篮球中获得跨栏扣篮、创意扣篮冠军，王永亮获得计时远投冠军。

（3）2007年6月东北大学橄榄球队在东北地区橄榄球邀请赛中获得盘级冠军。

（4）2007年7月东北大学男子篮球队在全国第八届大学生运动会篮球比赛中获得第四名。

（5）2007年7月东北大学羽毛球队在第十一届全国大学生羽毛球锦标赛中获得女子单打第五名。

（6）2007年8月东北大学男子篮球队在"李宁3+1"篮球赛决赛中获得冠军。

（7）2007年8月东北大学田径队在辽宁省高校运动会上获得男子团体第一名、女子团体第二名、团体总分第一名。

（8）2007年9月东北大学橄榄球队在上海国际比赛中获得盾级冠军。

（9）2007年9月东北大学橄榄球队在沈阳市高校七人制橄榄球比赛中获得冠军。

（10）2007年10月东北大学橄榄球队在全国橄榄球冠军赛中获得碗级亚军。

（11）2007年11月东北大学羽毛球队在沈阳市大学生羽毛球赛中获得团体冠军、男单冠军、女单冠军、女双冠军、混双冠军。

## 2008 年

（1）2008年1月东北大学男子橄榄球队在香港高校橄榄球冠军赛中获得冠军。

（2）2008年3月东北大学男子篮球队在中国大学生篮球超级联赛中获得北区第五名。

（3）2008年7月东北大学羽毛球队在第十二届全国大学生羽毛球锦标赛中获得女子单打第五名。

（4）2008年7月东北大学男子橄榄球队在全国七人制橄榄球冠军赛中获得杯级第四名。

（5）2008年10月东北大学女子橄榄球队在全国女子七人制橄榄球冠军赛中获得杯级第四名。

（6）2008年10月东北大学羽毛球队在全国羽毛球锦标赛中获得男子单打冠军。

（7）2008年12月东北大学男子篮球队在中国大学生篮球超级联赛中获得北区第一名。

（8）2008年东北大学羽毛球队在全国大学生羽毛球赛中获得女子单打第五名。

## 2009 年

（1）2009年5月东北大学男子篮球队在中国大学生篮球超级联赛中获得亚军。

（2）2009年5月东北大学橄榄球队在全国七人制橄榄球冠军赛中获得杯级第四名。

（3）2009年8月东北大学橄榄球队在国家青年队十五人制橄榄球交流赛中获得冠军。

（4）2009年9月东北大学橄榄球队在上海国际橄榄球邀请赛中获得碗级亚军。

（5）2009年10月东北大学橄榄球队在全国七人制橄榄球锦标赛中获得碗级季军。

（6）2009年6月东北大学羽毛球队在沈阳市第二届大学生羽毛球锦标赛中获得团体冠军、男单冠军、女单冠军、混双冠军、男双亚军、女双亚军。

（7）2009年7月东北大学男子篮球队辽宁阿迪达斯训练营挑战赛中获得冠军。

（8）2009年8月东北大学男子篮球队在沈阳耐克训练营3对3挑战赛中获得冠军。

（9）2009年8月东北大学羽毛球队在第十三届全国大学生羽毛球锦标赛中获得男双冠军、女单季军、混双第四名。

（10）2009年10月东北大学男子篮球队在中国大学生篮球超级联赛中获得北区第四名。

（11）2009年11月东北大学健美操队在全国健美操比赛中获得男子第二名，女子第六名、第七名。

（12）2009年12月东北大学健美操队在辽宁省大学生啦啦队、街舞竞标赛中获得团体第一名及最佳团队活力奖。

（13）2009年东北大学田径队在沈阳地区大学生田径运动会中获得男子团体第一名、女子团体第二名、团体总分第一名。

## 2010 年

（1）2010年3月东北大学羽毛球队在中国大学生羽毛球超级赛中获得团体亚军。

（2）2010年5月东北大学男子篮球队在中国大学生篮球超级联赛中获得第五名。

（3）2010年7月东北大学羽毛球队在第十四届全国大学生羽毛球锦标赛中

获得女子单打第七名、双打第八名。

（4）2010年东北大学羽毛球队在中国大学生羽毛球超级赛中获得团体亚军。

（5）2010年东北大学橄榄球队在东北地区橄榄球赛中获得冠军、全国橄榄球锦标赛第四名。

（6）2010年东北大学武术队在香港国际武术比赛中获得太极剑、地躺拳两项冠军。

（7）2010年东北大学健美操队在全国健美操联赛中获得规定徒手操、自选轻器械两项冠军。

（8）2010年东北大学田径队在辽宁省第八届田径运动会中获得男子团体第五名、女子团体第五名、团体总分第五名。

## 2011年

（1）2011年5月东北大学羽毛球队在沈阳市高校研究生羽毛球赛中获得团体冠军。

（2）2011年7月东北大学羽毛球队在第十五届全国大学生羽毛球锦标赛中获得男子团体第八名、男子单打第二名。

（3）2011年8月东北大学羽毛球队在世界大学生运动会羽毛球比赛中获得团体亚军、女单季军。

（4）2011年11月东北大学羽毛球队在沈阳市大学生羽毛球锦标赛中获得团体亚军。

（5）2011年11月东北大学男子篮球队在中国大学生篮球超级联赛北方赛区中获得亚军。

（6）2011年东北大学田径队在沈阳地区大学生田径运动会中获得男子团体第一名、女子团体第一名、团体总分第一名。

（7）2011年东北大学田径队在第十二届全国大学生田径锦标赛中获得铅球第八名。

## 2012年

（1）2012年5月东北大学男子篮球队在中国大学生篮球超级联赛中获得亚军。

（2）2012年6月东北大学橄榄球队在"恒福酒业杯"全国七人制橄榄球冠军赛中获得第五名。

（3）2012年8月东北大学橄榄球队在"体彩杯"全国七人制橄榄球锦标赛中获得第五名。

（4）2012年11月东北大学男子篮球队在中国大学生篮球超级联赛北方赛区中获得第三名。

（5）2012年东北大学舞蹈队在辽宁省标准舞比赛中获得学生组第一名。

（6）2012年东北大学轮滑队在辽宁省第二届全民运动会中获得多个第一名。

（7）2012年东北大学羽毛球队在沈阳市大学生羽毛球超级联赛中获得团体亚军。

（8）2012年东北大学橄榄球队在"北京北控杯"橄榄球国际邀请赛中获得第二名。

## 2013年

（1）2013年3月东北大学男子篮球队在中国大学生篮球超级联赛中获得全国亚军。

（2）2013年7月东北大学羽毛球队在全国大学生羽毛球锦标赛中获得团体第八名、男子单打第五名。

（3）2013年12月东北大学男子篮球队在第十六届CUBA中国大学生篮球联赛辽宁赛区中获得亚军。

（4）2013年东北大学啦啦操队在全国啦啦操总决赛中获得集体技巧啦啦操自选动作2级冠军、规定动作3级冠军、自选动作5级冠军以及沈阳站团体总分第二名。

（5）2013年东北大学啦啦操队在全国啦啦操联赛总决赛中获得集体技巧啦啦操自选动作2级冠军、规定动作3级亚军。

（6）2013年东北大学国标舞团在东北地区国际标准舞大赛中获得冠军。

（7）2013年东北大学田径队在沈阳举行的高校田径运动会中获得团体总分、男子总分、女子总分三项第一。

（8）2013年4月东北大学橄榄球队在"五粮液一帆风顺杯"全国七人制橄榄球冠军赛中获得第六名。

（9）2013年6月东北大学橄榄球队在"淀山湖杯"第十二届全国运动会男子橄榄球预选赛中获得第五名。

（10）2013年东北大学橄榄球队在第十二届全运会橄榄球决赛圈正赛中获得第六名。

（11）2013年10月东北大学橄榄球队在全国大学生七人制橄榄球比赛中获得第三名。

（12）2013年东北大学田径队在第十三届全国大学生田径锦标赛中获得铁饼第七名。

## 2014年

（1）2014年5月东北大学体育舞蹈队在江西宜春举行的中国大学生第十四届体育舞蹈锦标赛中获华尔兹单项冠军。

（2）2014年5月东北大学羽毛球队在沈阳地区高校大学生羽毛球赛中获得团体季军。

（3）2014年6月东北大学网球队在全国大学生网球联赛公开赛中获得男子乙组团体第四名。

（4）2014年6月东北大学网球队在沈阳大学生网球联赛公开赛中获得男子单打冠、亚军。

（5）2014年11月东北大学男子篮球队在第十七届CUBA中国大学生篮球联赛辽宁赛区中获得亚军。

（6）2014年东北大学啦啦操队在全国啦啦操联赛（沈阳站）中获得集体技巧啦啦操规定动作3级冠军、集体技巧啦啦操高级（3-4级）自选动作冠军。

（7）2014年东北大学啦啦操队在中国大学生篮球联赛啦啦队选拔赛大超联赛专场比赛中获得最佳编排奖。

（8）2014年东北大学田径队在辽宁省第九届田径运动会中获得男子团体第七名、女子团体第六名、团体总分第七名。

## 2015年

（1）2015年4月东北大学男子篮球队在第十七届CUBA中国大学生篮球联赛东北赛区中获得第十一名。

（2）2015年5月东北大学网球队在全国大学生网球联赛公开赛中获得男子乙组团体第三名。

（3）2015年5月东北大学羽毛球队在沈阳高校羽毛球赛中获得混合团体第一名、男子单打第一名、女子单打第一名、男子双打第一名、女子双打第一名、混合双打第一名。

（4）2015年12月东北大学男子篮球队在第十八届CUBA中国大学生篮球联赛辽宁赛区中获得冠军。

（5）2015年东北大学啦啦操队在全国啦啦操联赛中获得集体技巧啦啦操规定动作3级冠军、集体技巧啦啦操高级（3-4级）自选动作冠军。

（6）2015年东北大学田径队在沈阳地区大学生田径运动会中获得男子团体第三名、女子团体第三名、团体总分第三名。

# 2016年

（1）2016年5月东北大学网球队在中国大学生网球联赛中获得女子乙组团体亚军、男子乙组团体季军。

（2）2016年5月东北大学男子篮球队在第十八届CUBA中国大学生篮球联赛中获得东北赛区第十名。

（3）2016年5月东北大学羽毛球队在沈阳高校羽毛球赛中获得混合团体第一名、男子单打第一名、女子单打第一名、男子双打第一名、女子双打第一名、混合双打第一名。

（4）2016年6月东北大学羽毛球队在沈阳市高校研究生羽毛球团体赛中获得团体亚军。

（5）2016年11月东北大学男子篮球队在第十九届CUBA中国大学生篮球联赛中获得辽宁赛区冠军。

（6）2016年东北大学田径队在沈阳地区高校大学生田径运动会中获得男子团体第二名、女子团体第一名、团体总分第二名。

（7）2016年东北大学羽毛球队在沈阳地区高校羽毛球赛中获得团体冠军。

（8）2016年东北大学啦啦操队在全国啦啦操联赛中获得规定动作3级冠军、自选动作3-4级冠军、自由舞蹈冠军、五人技巧冠军和全国3对3黄金联赛健美操比赛冠军。

（9）2016年东北大学啦啦操队在中国大学生3对3篮球联赛啦啦队选拔赛大超联赛专场比赛中获得沈阳赛区冠军。

（10）2016年东北大学冰雪运动队在全国大学生滑雪挑战赛中获得女子单项冠军、季军，男子组季军，团体第三名。

（11）2016年东北大学乒乓球队在沈阳地区高校乒乓球赛中获得团体学生男子第三名。

（12）2016年东北大学足球队在沈阳地区高校足球赛中获得第三名。

（13）2016年东北大学素质拓展队在全国大学生户外运动挑战赛中获得团体三等奖，在高校第五届拓展运动会获得一等奖2项、二等奖2项。

（14）2016年东北大学武术代表队在第十四届香港国际武术节比赛中获得金牌3个、银牌1个。

（15）2016年东北大学橄榄球队在世界大学生美式橄榄锦标赛中获得第四名。

## 2017年

（1）2017年4月东北大学男子篮球队在第十九届CUBA中国大学生篮球联赛东北赛区中获得第六名。

（2）2017年5月东北大学男子篮球队在第十九届CUBA中国大学生篮球联赛全国24强赛中获得第十六名。

（3）2017年6月东北大学男子篮球队在"竞彩杯"辽宁青年精英篮球挑战赛中获得冠军。

（4）2017年12月东北大学男子篮球队在中国大学生3对3篮球联赛辽宁赛区中获得冠军、亚军。

（5）2017年12月东北大学男子篮球队在第二十届CUBA中国大学生篮球联赛辽宁赛区中获得冠军。

（6）2017年12月东北大学男子篮球队在辽宁省省运会男篮高校组中获得冠军。

（7）2017年东北大学田径队在沈阳地区高校大学生田径运动会中获得团体第一名。

（8）2017年东北大学羽毛球队在沈阳地区高校羽毛球赛中获得混合团体第一名、男子单打第一名、女子单打第一名、男子双打第一名、女子双打第一名、混合双打第一名。

（9）2017年东北大学网球队在第二十二届中国大学生网球锦标赛中获得男子团体第四名。

（10）2017年东北大学啦啦操队在全国啦啦操联赛（沈阳站）中获得高级（3-4级）自选动作冠军、全女生五人技巧冠军、五人技巧冠军。

（11）2017年东北大学健身操队在全国全年健身操舞大赛中获得1项一等奖，1项二等奖。

（12）2017年东北大学轮滑队在辽宁省自由式轮滑公开赛暨东北三省巡回赛总决赛中获得团体第一名。

（13）2017年东北大学橄榄球队在中国腰旗橄榄球赛中获得东北赛区冠军。

（14）2017年东北大学冰雪运动队在辽宁省首届高山滑雪锦标赛中获得女子单项高山大回转冠军，团体总分第二名；获第三届全国大学生滑雪挑战赛总决赛女子单项高山大回转第三名。

（15）2017年东北大学武术代表队在中国沈阳国际传统武术锦标赛中获得4金1银。

（16）2017年东北大学足球队在沈阳市高校足球赛中获得第四名，辽宁省大学生足球总决赛第六名。

（17）2017年东北大学素质拓展队在全国大学生户外运动挑战赛获得混合双人第八名。

## 2018年

（1）2018年5月东北大学男子篮球队在第二十届CUBA中国大学生篮球联赛东北赛区中获得第五名。

（2）2018年6月东北大学啦啦操队在全国啦啦操联赛暨中国啦啦之星争霸赛（沈阳站）中获得公开青年丙组技巧2级规定动作第一名、公开青年丙组小团体配合技巧（4～5人）第一名和第二名。

（3）2018年6月东北大学啦啦操队获得第七届全国全民健身操舞大赛有氧健身操（舞）轻器械规定动作二级操特等奖、四级操特等奖、六级操特等奖的优异成绩。

（4）2018年6月东北大学游泳队在辽宁省第十三届运动会大学生游泳锦标赛中获得男子甲组100米自由泳第一名、男子甲组50米自由泳第四名；女子甲组50米自由泳第五名、女子甲组100米蛙泳第六名；男子甲组4×50米蛙泳接力第四名。

（5）2018年6月东北大学橄榄球队在世界大学生美式橄榄球锦标赛中获得第五名。

（6）2018年7月东北大学武术队在中国大学生武术套路锦标赛中获得女子

42式竞赛太极拳第二名、女子42式竞赛太极剑第二名、女子陈氏太极拳第四名、女子吴式太极拳第六名、女子少林拳第七名。

（7）2018年10月东北大学网球队在辽宁省第十三届运动会大学生网球比赛中获得男子甲组第六名和体育道德风尚奖。

（8）2018年11月东北大学男子篮球队在中国大学生篮球联赛辽宁赛区中获得亚军。

（9）2018年12月东北大学男子篮球队在第二十一届CUBA中国大学生篮球联赛辽宁赛区总决赛中获得全国决赛权。

（10）2018年12月东北大学啦啦操队在全国啦啦操冠军赛中获得自选动作冠军、规定动作亚军。

（11）2018年东北大学啦啦操队在全国啦啦操联赛（沈阳站）中获得规定动作冠军、五人技巧一队冠军、五人技巧二队冠军。

## 2019 年

（1）2019年12月东北大学男子篮球队子在第二十二届中国大学生篮球联赛辽宁赛区中获得冠军。

（2）2019年东北大学男子篮球队在中国铁力"日月峡"杯国际男子篮球争霸赛中获得冠军，在加格达奇男子篮球国际邀请赛获得冠军。

（3）2019年东北大学田径队在辽宁省大学生田径运动会中获得单项冠军1项、亚军4项。

（4）2019年东北大学羽毛球队在第七届全国大学生羽毛球总决赛中获得男子双打第五名。

（5）2019年东北大学冰雪队在第五届全国大学生滑雪挑战赛中获得亚军2项。

（6）2019年东北大学游泳队在辽宁省大学生游泳锦标赛中获得单项冠军2项、亚军2项。

（7）2019年东北大学啦啦操队在全国啦啦操联赛（沈阳站）中获得团体冠军3项；在"道光二十五杯"国际艺术体操俱乐部大奖赛中获得大学组第三名。

（8）2019年东北大学健美操队在第八届全国全民健身操舞大赛辽宁赛区中获得团体冠军2项、亚军1项。

（9）2019年9月东北大学体育舞蹈队在中国大学生第十五届体育舞蹈锦标赛（北区）中获得大学业余组单人2项L第一名、3项S第二名。

（10）2019年12月东北大学体育舞蹈队在辽宁省大学生健康活力大赛中获得单项冠军3项。

（11）2019年东北大学武术队在中国大学生武术锦标赛中获得单项冠军3项、亚军1项。

（12）2019年东北大学乒乓球队在沈阳地区高校乒乓球比赛中获得单项冠军1项。

（13）2019年东北大学排球队在2019年辽宁省大学生排球锦标赛中获得第三名。

（14）2019年东北大学健美操队在全国健美公开赛中获得亚军。

## 2020年

（1）2020年5月东北大学体育舞蹈队在中国大学生体育舞蹈比赛中获得单项冠军1项。

（2）2020年10月东北大学英式橄榄球队在沈阳市首届高校橄榄球邀请赛中获得男子甲组冠军。

（3）2020年12月东北大学体育部贾颖、苏东阁在第七届中国大学生滑雪挑战赛暨第三十届世界大学生冬季运动会高山滑雪、单板滑雪项目选拔赛中获2个单项冠军。

（4）2020年12月东北大学网球队在中国大学生网球技能赛（线上）中获得男子单技能三等奖、女子单技能三等奖。

（5）2020年12月东北大学男子篮球队在中国大学生篮球联赛辽宁赛区中获得季军。

（6）2020年东北大学田径队在沈阳市跑团联赛中获得冠军。

（7）2020年东北大学羽毛球队在沈阳市"李永波杯"邀请赛中获得团体冠军。

（8）2020年东北大学橄榄球队在沈阳市首届大学生橄榄球比赛中获得冠军。

（9）2020年东北大学武术队在全球太极拳大赛（北京站）中获得一等奖1项、二等奖1项；在第六届北方大学生剑道公开赛中获得单项季军1项、团体亚军。

## 2021 年

（1）2021 年 6 月东北大学网球队在中国大学生网球锦标赛中获得女子团体第五名。

（2）2021 年 7 月东北大学乒乓球队在沈阳地区高校乒乓球赛中获得男子团体第六名，男子双打冠军、男子双打第六名，女子团体第六名，女子单打第四名，女子双打第六名。

（3）2021 年 12 月在全国滑雪定向挑战赛中，东北大学体育部贾颖、闫姝伊获女子组第二名、第四名；苏东阁、范再青获男子组第四名、第六名。在雪地徒步定向越野赛中，体育部教师发挥出色，贺天麟、王儒轩获徒步定向越野第四名、第七名。

（4）2021 年东北大学田径队在沈阳地区高校大学生田径运动会中获得团体冠军。

（5）2021 年东北大学冰雪队在第七届中国大学生滑雪挑战赛（总决赛）中获得单项季军 2 项，2 名队员入选中国滑雪队，随队赴瑞士参加世界大学生运动会。

（6）2021 年东北大学排球队在辽宁省大学生排球比赛中获得男子组季军。

（7）2021 年东北大学男子篮球队在 CUBA 辽宁赛区中获得季军；在"曼巴杯"全国高校篮球邀请赛中获得亚军。

（8）2021 年东北大学啦啦操队在全国啦啦操联赛（太原站）中获得团体冠军 2 项；在辽宁省健康活力大赛中获得甲组技巧冠军。

（9）2021 年东北大学武术队在中国大学生武术套路锦标赛中获得亚军；在中国—东盟太极拳网络大赛中获得冠军。

## 2022 年

2022 年 7 月东北大学男子篮球队在第二十四届 CUBA 全国赛（北区）中进入 16 强。

# 第六部分

## 大 事 记

# 第十五章　大事记

东北大学有着悠久和辉煌的体育史。东北大学开创了中国奥运的先河，开创了我国体育历史新纪元，推动了我国近代体育事业的发展。

1929年6月，东北大学成立体育专修科。招收体育专修科两个班，第一期学生共有20名。我国参加奥运第一人刘长春为第一期学生。体育科主任为郝更生教授。

1931年9月，特设体育部，统一负责全校体育管理。

1946年招收第二期体育专修科学生。共30人，其中女生5人。

1947年招收第三期学生，共12人。教师20余人，其中副教授10人。除以上教师外，还聘请清华大学教授牟作云、马约翰博士、李凤楼来校任教。

1951年东北工学院成立体育运动委员会。

1952年在抗美援朝关键时刻，体育部多名教师获一级教材奖金140万元，全数捐献国家。

1954年成立体育教研组，隶属于基础部。

1959年东北工学院成立体育科。

1972年全国复课，东北工学院试办体育课试点班，体育教研室选派教师到部分系参加体育教学试点班的教学工作。

1984年东北大学经冶金工业部批准成立体育部。

2000年东北大学与原黄金学院进行实质性合并，原黄金学院军体部13名专任教师即为体育部专任教师。体育部共有教职工54人。

2000年经教育部批准东北大学招收田径、冰雪、男子篮球高水平运动员。每年招收3个项目的高水平运动员占东北大学本科生招生数量的1%。

2001年5月，在校第四十届田径运动会期间，校长赫冀成聘请原国家男篮主教练蒋兴权为东北大学体育名誉教授。

2001年9月，经教育部批准建立本科生社会体育专业，从2002年开始，每年在东北三省招收20名本科生。

2001年9月，体育部教师篮球队在学校体育馆与我国台湾中部地区大学教授篮球队进行海峡两岸体育教学交流并举行一场友谊赛，结果以47：47握手言和。

东北大学体育部教师篮球队与我国台湾中区大学教授篮球队友谊赛合影

2002年8月社会体育专业招收21名学生。

2002年滑冰课被评为辽宁省优秀课程。

2002年11月，全国"十五"学校体育卫生科研课题工作会议（北方片）和辽宁省"十五"学校体育卫生科研课题工作会议在东北大学召开。

2002年11月成立了东北大学冰雪研究所，被中国滑雪协会接纳为会员单位。

2003年3月轮滑课被评为东北大学优秀课。

2003年6月29日，体育部"体育人文社会学"硕士点被批准。

2003年9月19日下午3点，在体育场由体育部承办"2003年全国足球乙级联赛"辽宁青年队对吉林延边队（0：3）。

2003年全国足球乙级联赛辽宁青年队对吉林延边队比赛场景

2003年9月，东北大学24名教师在东北大学80周年校庆晚会上进行健美操表演。校篮球队8名队员同时演出。

2003年9月29—30日举行东北大学第四十二届田径运动大会。

校长赫冀成与东北大学第四十二届田径运动大会获奖者合影

2003年9月，《东北大学体育八十年》一书正式出版。

2003年10月17日，体育部成立学生体质测试中心。

2003年12月，东北大学被辽宁省教育科学研究院确定为全国教育科学"十五"规划教育部重点课题实验基地。

2004年1月，成立社会体育教研室，共有23名教师编入该教研室。

2004年5月举行东北大学第四十三届田径运动会。

2004年7月25—28日，高明、马增瑞参加以东北大学冠名的辽宁冰球代表团访问韩国，进行两场友谊赛。第一场9：8胜汉城（今首尔）老虎队；第二场6：9负于汉城（今首尔）明星队。

2004年9月滑冰课被评为辽宁省精品课。

2005年1月14日，在外招餐厅举行"恭贺王衡、徐敬达教授90寿辰"新年联欢会。

2005年5月19—20日东北大学第四十四届田径运动大会在校体育场隆重举行。

东北大学第四十四届田径运动大会在校体育场举行

2005年6月辽宁省教育厅组织专家组对全省17所被教育部批准"培养高水平运动员"和申报"培养高水平运动员"高校进行评估。6月27日到东北大学进行评估验收。总评成绩优秀。

2005年10月10日，体育部成立分团委。书记：杨海东；副书记：张吉聪；文艺部：吕国君；体育部：姜巍；外联部：郭玲玲；生活部：谢娟；学习部：刘帅。

2005年11月21日，辽宁省教育厅组织验收组对东北大学大学生体质健康标准测试工作进行验收。总评成绩优秀。

2006年4月28—29日，由教育部体育卫生与艺术教育司、中央教育科学研究所举办的，东北大学体育部承办的"十五"全国学校体育卫生科研课题结题表彰会在东北大学举行。

2006年5月19日东北大学第四十五届田径运动会在学校体育场举行。

2006年7月1日中国教育技术协会全国普通高校体育专业委员会第十届学术年会在东北大学秦皇岛分校举行。

2006年9月9日，以副校长姜茂发教授为领队，体育部主任王永祥教授为副领队的东北大学男子篮球队一行15人，代表中国大学生参加在台北市举行的第一届亚洲大学生男子篮球锦标赛，获得第三名。

2006年12月18日，根据《教育部关于公布2006年度国家精品课程名单的通知》（教高函〔2006〕26号）文件精神，东北大学在2006年国家精品课程评选工作中，滑冰课被评为国家精品课程。

2007年5月25日东北大学第四十六届田径运动会在学校体育场举行。

2007年6月29日—7月6日，刘和臣应韩国昌原大学、三仙武馆邀请，前往韩国马山大学、庆南大学、大邱医学院进行中国武术及大学体育教学方面的交流。

2007年8月王永祥教授被评为"辽宁省名师"。

2008年1月12日，召开中国学校体育研究会体育课程双语教学专业委员会第一届学术年会暨理事会成立大会，王永祥被聘为理事长。

2008年6月13日，东北大学刘长春体育馆举行落成典礼。

2008年6月19日，东北大学建校85周年第四十七届体育运动大会在学校体育场召开。

2008年6月20日，陈家鸣在北京体育大学毕业获教育学博士。

2008年8月8日，王永祥参加北京奥运会担任田径裁判；陈松参加北京奥运会担任沙滩排球裁判；姜晓宏参加北京奥运会担任网球裁判；杨波参加北京奥运会担任艺术体操裁判。

2008年9月6日，王永祥参加北京残奥会担任田径裁判；梁青参加北京残奥会担任田径裁判；姜晓宏参加北京残奥会担任网球裁判。

2008年10月10日，在姜茂发副校长的主持下，体育部和体育场馆中心召开会议。决定将体育部管理的体育场、体育馆及五五运动场和校内的其他场地全部移交场馆中心管理（基础学院体育场馆暂由体育部代管）。场地工王国钢、王启靖、朱宏、孙雷；保管员徐盛库的人事关系一并移交场馆中心。至此，体育部共有人员57人，其中女教师12人。教师54人，管理人员3人。

2009年10月16日，王永祥（田径）、陈松（沙滩排球）、刘和臣（武术）、姜晓宏（网球）参加在济南举行的第十一届全运会，担任裁判。

2009年11月30日，学校党委决定撤销原体育部直属党支部，成立体育部直属党总支。杨定鹏由信息学院调任体育部直属党总支书记，于志江任副书记。

# 2010年

3月7日　体育部公共资源进一步统一分配，改善教师的办公条件，每名教师都配备了必要的教学科研办公条件，使教师能够更好地为学校体育教学服务。同时积极开展自身文化建设，重新设计完善了体育部网站，对体育部进行形象包装，力争展示一个充满活力、积极向上的优秀团体。

4月20日　体育部继续制定、出台、实施《体育部教练员聘任、考核管理办法》《体育部教师年终考核办法》《绩效分配办法》等相关措施，规范化地管理体育部相关工作。实行了例会制度，每两周一次全体大会，让大家共同参与体育部建设。加强对教师，特别是青年教师的教育水平培训、提高，开展体育部青年教师技能大赛，重奖在大赛中获得优胜的教师。

5月24日　成功承办了东北大学第四十九届运动大会。

7月21日　顺利通过国家教育部对东北大学高水平运动队的评估。

7月12日　体育部开发使用了学生网上选课、网上成绩录入系统。

7月22日　体育部通过了体育学一级学科硕士点和体育教学工程硕士点的申报、审批。获得学校教材立项4部，教学成果奖3项。

8月20日　体育部全部教师都得到了到校外参加学习、培训、交流、提高的机会，其中有26人参加广州亚运会的裁判、观摩、学习。4人次的亚运会裁判员数量在全国各高校中名列前茅。

8月10日　体育部组织参加多项比赛，取得了优异成绩：校羽毛球队获得中国大学生羽毛球超级赛团体亚军，橄榄球队获得东北地区橄榄球赛冠军，武术队获得香港国际武术比赛太极剑、地躺拳2项冠军，健美操队参加全国健美操联赛获得规定徒手操、自选轻器械2项冠军，校田径队获得辽宁省大学生田径运动会团体总分第四名等。

9月7日　体育部工会积极贯彻落实学校工会开展的"三育人"和"四个一"活动。在"三育人"活动中，有2名教师获奖；在"四个一"活动中，也取得了优异的成绩。体育部工会被校工会评为"先进部门工会"。

10月12日　体育部加强社会体育专业学生思想教育工作，注重加强学生的培养工作，有计划、有重点地开展共青团工作。健全了团委运转机制，加强对学生会的指导；大力推进学风建设；健全了班导师工作，每个班级配备2名班导师；认真做好就业辅导工作。开展了丰富多彩的思想政治教育活动。结合重大纪念日，利用团日活动、主题班会、学生研究会等阵地开展了一系列活动。其中有参观九一八纪念馆活动，爱国爱校签名活动等一系列的大型活动，并通过组织部网站等方式，得到广泛的宣传，保证每次活动的良好效果。共有52人次获得各类奖学金。参加学校、省市、东北协作区以及全国比赛15次，5项获得前三名。

12月21日　2010年体育部教师共撰写论文32篇，出版著作6部，科研获奖9项/次，教学获奖10项/次，完成规划内教材3部。

## 2011年

1月1日　2010—2011中国大学生男子篮球超级联赛，东北大学客场对山东大学，结果103：92获胜。

1月5日　体育部工会被评为东北大学"2010年度优秀基层工会"。

1月8日　大超联赛在刘长春体育馆举行，东北大学男篮主场对阵中国人民大学队，以76：78负于客队。

1月15日　大超联赛在刘长春体育馆举行，东北大学男篮主场对阵哈尔滨工程大学，以73：76负于客队。

1月18—19日　2011年沈阳市高校体育部教职工"原动力杯"乒乓球、羽毛球友谊赛在刘长春体育馆举行，东北大学获乒乓球团体第四名、羽毛球团体第五名。

1月22日　大超联赛中东北大学客场对阵西安交通大学，以99：107负于主队。

2月18日　大超联赛中东北大学客场对阵东北师范大学，以84：103负于主队。

2月26日　大超联赛东北大学主场对阵天津工业大学，以63∶91负于客队。

3月5日　在沈阳师范大学体育馆，大超联赛东北大学客场对阵辽宁大学队，以60∶87负于主队。

3月11日　在刘长春体育馆，大超联赛东北大学主场对阵山东大学队，以83∶82战胜客队。

3月20日　在中国人民大学，大超联赛东北大学客场对阵中国人民大学队，以85∶84负于主队。

3月30日　在刘长春体育馆会议室召开体育部申报晋升职称人员述职会。申报晋升教授：陈家鸣、张锐锋、俞丽萍、朱利。申报晋升副教授：沈钟、杜成林、孙胜灵、杨春卉、程丽华、曹盛民、徐拥军、曲辉。申报讲师：于明、杨譞、任可。申报职员八级进七级：赵荣范；九级进八级：高大鲲。

4月1日　校长丁烈云与校长助理王福利等11人来体育部进行工作调研。体育部参加会议的有：杨定鹏、于志江、曹冰、张锐锋、张湛、孙玉宁、陈家鸣、陈松、张学忱、高大鲲等。

5月15日　陈家鸣、马旭、回军、曹盛民去北京大学参加拓展中级培训师考试并获证书。

1月6日　关荣鑫、杨譞在哈尔滨考取滑雪国家级裁判员。

4月27日　东北大学2011年专业技术人员和职员晋升职务工作结束，经学校公示后下列人员晋升职务（聘期从2010年1月1日起算）：朱利（公体）、张锐锋（社体）、陈家鸣（体育人文）为教授四级；沈钟（社体）、曲辉（社体）为副教授三级；于明、任可、杨譞（均为公体）为讲师三级；赵荣范为七级职员；高大鲲为八级职员。

5月20日　高明被授予"辽宁省教学名师"称号。

5月26—27日　东北大学第五十届体育运动大会在校体育场召开。曹盛民为总裁判长。

共有一人一队打破校体育运动大会纪录：（1）体育部社会体育专业学生白云宵在男子铅球项目中以15.82米的成绩打破15.66米的校纪录。（2）信息科学与工程学院在学生团体项目10×50米游泳接力项目中，以6′35″37的成绩打破6′40″30的校纪录。

6月25—26日　2011年沈阳地区大学生田径大运会在东北大学田径场举

行。共有来自沈阳地区22所高校的23个代表队参加了106个项目的角逐。经过两天的激烈争夺，东北大学代表队获得男子团体总分第一名；女子团体总分第一名；男女混合总分第一名。东北大学文法学院学生张大为在男子甲组400米项目中，以49′52的成绩打破49′67的沈阳地区大学生赛会纪录。

7月1日　体育部教师程明、陈家鸣、曹盛民、曲辉、姜晓宏到辽宁工程技术大学参加辽宁省高校体育教师网球邀请赛。姜晓宏获得女子单打第四名。

7月6日　东大党字【2011】28号文件，原国际交流学院副院长诸善顺被任命为体育部副主任兼副书记（主管人事和学生工作）；陈松（主管公体课、社体课和代表队建设），陈家鸣（主管研究生、科研和学科建设）为体育部副主任（试用期1年），聘期从2011年7月1日算起。

8月10—25日　杨春卉（排球）、姜晓宏（网球）、梁青（田径）、陈松（沙滩排球）去深圳参加第二十六届世界大学生运动会裁判工作。姜晓宏被评为优秀裁判员。

8月31日　在体育部全体教职工例会上，杨定鹏书记宣布教研室和代表队的变动情况：大球教研室主任孙玉宁、小球教研室主任曹盛民、冰水教研室主任逯明智、综合教研室主任杨海东、社会体育专业教研室主任回军；田径队主教练曹冰、教练员王景利、徐拥军；男子篮球队主教练于志江、教练员杜成林；羽毛球队教练员高明、助理教练张迪；暂时不设冰雪项目教练。

9月7日　杨定鹏、陈松、陈家鸣在汉卿会堂接待访问东北大学的中华台北大专体育总会访问团。并陪同访问团参观东北大学游泳馆、东北大学刘长春体育馆，观摩东北大学男子篮球队训练课。

9月19日　2011年新进专任教师厉中山、张楠楠、白莹到体育部报到。

9月27日　由东北大学团委主办、东北大学学生会承办的首届"感动东大"年度人物评选揭晓。东北大学橄榄球队获集体奖。

10月12日　朱利教授工作调动到艺术学院。

10月17日　回军被评为"东北大学优秀党务工作者"。

10月25日　东北大学文件确定孙胜灵、程丽华晋升为副教授三级。贾海波为讲师二级。聘期从2011年1月1日起算。

11月4日　贺天麟确定为职员八级。聘期从2011年1月1日起算。

11月16日　体育部直属党总支增补委员。书记：杨定鹏；副书记：诸善顺、王永臣；委员：于志江、张学忧、高大鲲、回军。

11月26日　大超联赛主场对天津工业大学队，以97：92获胜。

12月3日　大超联赛客场对西安交通大学队，以91∶95告负。

12月10日　大超联赛在刘长春体育馆经过紧张激烈的比赛，在三千多名观众的助威声中，东北大学队以85∶68大胜中国人民大学男子篮球队。

12月24日　大超联赛客场对东北师范大学队，以68∶70告负。

12月23日　梁青被评为2011年度东北大学"三八红旗手"。

12月31日　大超联赛主场对山东大学队，以92∶64获胜。

## 2012年

1月4日　在沈阳体育学院田径馆进行2012年体育特招生田径测试。（31名考生）

1月5日　在刘长春体育馆进行2012年体育特招生篮球（25名考生）、羽毛球测试（17名考生）。

3月3日　2011—2012"361°"中国大学生篮球超级联赛常规赛3月3日重新开战。东北大学队客场对阵现北区积分第一的哈尔滨工程大学队，以84∶78战胜主队。到此东北大学队积分北区第一名。

3月7—11日　陈松去日本北海道带广市参加日本国际滑联青年世界杯总决赛担任裁判。

3月7日　高大鲲被评为2011年东北大学优秀学生工作者。

3月10日　2011—2012"361°"中国大学生篮球超级联赛常规赛，东北大学队客场对天津工业大学队，结果以75∶79告负。

3月14日　2011—2012"361°"中国大学生篮球超级联赛常规赛东北大学队主场迎战西安交通大学队，东北大学队以90∶49完胜。央视五套现场直播比赛。

3月24日　2011—2012"361°"中国大学生篮球超级联赛常规赛东北大学队客场对中国人民大学队，以76∶58获胜。

3月26日—4月12日　受国家体育总局及中国滑雪协会指派，陈家鸣、逯明智赴美国科罗拉多州威尔滑雪场参加大众滑雪高级指导员培训班。

4月3日　受辽宁省教育厅委派，杨定鹏去台湾进行访问交流。

5月6日　曹盛民被评为东北大学2010—2012年度"三育人"先进个人。

5月6日　陈松去北京参加沙滩排球世界巡回赛北京大满贯赛事担任裁判。

5月8日　孙玉宁在东北大学"当好主力军、奋战'十二五'、实现新跃升"教职工演讲比赛中获优秀奖。

5月20日　任可被评为2010—2011年度东北大学"优秀班导师"。

5月24—25日　东北大学第五十一届体育运动大会在校体育场隆重举行。经过二天各单项的预决赛和团体项目的决赛，共有1人队打破校体育运动大会纪录：社会体育专业学生王永以59.13米的成绩打破了58.35米的校运会男子标枪纪录。

获得学生团体总分前八名的单位：文法学院、工商管理学院、秦皇岛分校、研究生院、信息科学与工程学院、机械工程与自动化学院、材料与冶金学院、理学院。

获得学生女子团体总分前八名的单位：文法学院、秦皇岛分校、工商管理学院、信息科学与工程学院、研究生院、材料与冶金学院、软件学院、国防教育学院。

获得教工团体总分前八名的单位：校机关、后勤、信息科学与自动化学院、直属部门、科技产业、材料与冶金学院、资源与土木工程学院、软件学院。

获得体育道德风尚奖的单位：文法学院、材料与冶金学院、信息科学与工程学院、机械工程与自动化学院、国防教育学院、工商管理学院、软件学院、理学院、继续教育学院、外国语学院、艺术学院、资源与土木工程学院、校机关、直属部门、后勤、科技产业。

6月1—3日　陈松、任可率校橄榄球队参加在江苏昆山举行的2012年"恒福酒业杯"全国七人制橄榄球冠军赛，获得第五名。

6月6日　2011—2012"361°"中国大学生篮球超级联赛总决赛第一场，东北大学队主场对阵天津工业大学队，以62：70告负。

6月13日　受陈家鸣教授的邀请，吉林大学理学院方沛辰教授来体育部为教师、本科生和研究生做关于"数学建模理论在体育科研中的应用"的学术报告。

6月18日　王英烈、姜洪业办理完退休手续。

6月28日　张锐锋被评为东北大学名师。

7月13日　体育人文社会学专业学生李一良留校任体育部冰水教研室专任教师。

7月14日　东大人字〔2012〕49号文件，杨海东被评为2010—2012年度东北大学优秀教师。

7月17日　东大人字〔2012〕16号文件，聘刘和臣为二级副教授；聘王晓东为三级副教授；关荣鑫、韩冰、解欣为三级讲师；聘厉中山、白莹、张楠楠为二级助教。

10月17—19日　韩国国立昌原大学体育学科院长、博士生导师具光洙教授，林仁洙教授，洪睿珠博士一行三人访问东北大学体育部。两位教授分别做了关于"人体生理指标对生长发育的影响"和"运动训练负荷对运动成绩影响"学术报告。受到体育部教师和学生的热烈欢迎。

韩国客人参观了东北大学校史馆，对东北大学有了全面的了解，更加增进了与东北大学交流合作的信心。

访问期间与体育部的领导、教师和学生就教学、科研、学科建设、互访问等事项进行了广泛探讨。并达成合作意向。

10月18日　由中国高等教育学会体育专业委员会社会体育研究会主办的"第五届社会体育国际论坛暨社会体育研究会理事大会"于10月18—21日在西安建筑科技大学举行。本次论坛由西安建筑科技大学和华南师范大学体育科学学院共同承办，来自美国、英国、爱尔兰、日本、韩国及我国180多名的嘉宾、学者参加。东北大学体育部教师陈松、刘和臣应邀参加了本次论坛。并在分会上作了关于"浅谈健身搏击操的价值"、"沙滩排球"报告。并获得了宣读论文证书。

12月10日　东大教字〔2012〕57号文件公布2012年本科生教学成果奖获奖名单：贺天麟"完善本科培养计划，探索人才培养模式，提高教育教学质量"获特等奖。高明、俞丽萍、陈松、陈家鸣、贺天麟"以国家级精品课为引领的北方高校——区域特色冰上课研究与实践"获一等奖。

11月17日　2012—2013"361°"中国大学生篮球超级联赛常规赛于2012年11月17日开战。首战东北大学队客场对阵哈尔滨工程大学队，以75：59战胜主队。

11月24日　2012—2013"361°"中国大学生篮球超级联赛常规赛东北大学队在基础学院主场以74：69战胜辽宁大学男子篮球队，继续领先。

12月1日　2012—2013"361°"中国大学生篮球超级联赛常规赛东北大学队以85：90客场负于西安交通大学男子篮球队。

12月8日　2012—2013"361°"中国大学生篮球超级联赛常规赛在基础学院主场以103：88战胜中国人民大学男子篮球队。

12月12日　东大工发〔2012〕23号文件，表彰2012年度"三八先进集体、三八先进个人"的决定。姜晓宏被评为"三八先进个人"。

12月28日　在校大学生活动中心举行"2012年体育部中天嘉华奖教金颁奖暨元旦晚会"。2012年获奖的有：

刘贵静　体育贡献成就奖

高　明　业绩突出贡献奖

陈　松　业绩突出贡献奖

梁　青　业绩突出贡献奖

逯明智　业绩突出贡献奖

杨海东　业绩突出贡献奖

陈　松　科研突出贡献奖

梁　青　科研突出贡献奖

厚春明　科研突出贡献奖

王　艳　科研突出贡献奖

逯明智　科研突出贡献奖

杜成林　优秀教练贡献奖

任　可　优秀教练贡献奖

张　湛　机关突出贡献奖

贺天麟　机关突出贡献奖

赵荣范　机关突出贡献奖

# 2013年

3月2日　大超联赛东北大学客场对天津工业大学，以79∶94告负。

3月3日　在沈阳体育学院进行2013年东北大学特招生田径项目测试，共有30名考生参加测试。在基础学院体育馆进行2013年东北大学特招生篮球项目测试，共有36名考生参加测试。

3月11—28日　杨定鹏参加由中国大学生体育协会组织中国大超16支球队领队赴美国观摩和研讨美国大学生篮球联赛活动。

3月17日　大超联赛东北大学主场对东北师范大学，以70∶73告负。本届常规赛结束东北大学队获北区第二名。

4月4—11日　中华人民共和国第十二届全国运动会艺术体操项目测试赛在刘长春体育馆举行。

4月7日　东北大学获大超联赛总决赛亚军。

2012—2013"361°"中国大学生篮球超级联赛总决赛4月6日和7日在东

北师范大学举行。东北大学队客场对阵东北师范大学男篮。4月6日东北大学以98∶108负于东北师范大学；4月7日东北大学以78∶90再负东北师范大学，按照本届联赛规定，东北师范大学获本届联赛总冠军；东北大学获亚军。

到本届联赛为止，东北大学共获一届总决赛冠军（2006年）；三届亚军（2009、2012、2013年）；三届北区冠军（2005、2009、2012年）。在中国大学生顶级男子篮球联赛中展示了东北大学体育风采，获得了好评，为学校赢得了荣誉。祝愿我们的球队发扬东大人自强不息、知行合一的精神，刻苦训练，在下届联赛中取得更好的成绩。

5月24日　东北大学隆重举行第五十二届体育运动大会：

5月24日举行了隆重的开幕式。开幕式由副校长姜茂发教授主持。校长丁烈云教授致开幕词。

本届运动会总裁判长体育部教师曹盛民代表裁判员向大会宣誓；社会体育专业学生刘伟代表运动员向大会宣誓。

经过二天各单项的预决赛和团体项目的决赛，获得学生男子团体总分前八名的单位：文法学院、工商管理学院、秦皇岛分校、国防教育学院、机械工程与自动化学院、材料与冶金学院、理学院、信息科学与工程学院。

获得学生女子团体总分前八名的单位：文法学院、秦皇岛分校、工商管理学院、信息科学与工程学院、研究生院、理学院、材料与冶金学院、机械工程与自动化学院。

获得学生团体总分前八名的单位：文法学院、工商管理学院、秦皇岛分校、信息科学与工程学院、研究生院、理学院、材料与冶金学院、机械工程与自动化学院。

获得教工团体总分前八名的单位：后勤、信息科学与自动化学院、校机关、直属部门、软件学院、资源与土木工程学院、工商管理学院、材料与冶金学院。获得体育道德风尚奖的单位：材料与冶金学院、资源与土木工程学院、国防教育学院、外国语学院、信息科学与工程学院、文法学院、校机关、理学院、机械工程与自动化学院、中荷生物医学与信息工程学院、直属部门、继续教育学院、艺术学院、软件学院、研究生院、工商管理学院、后勤。

6月22日　杜成林作为中国大学生男子篮球队教练员去俄罗斯喀山参加世界第二十七届大学生运动会。

6月22—23日　在沈阳师范大学举行的2013年沈阳地区大学生田径运动会上东北大学代表队获得团体总分第一名。（教练员：曹冰、徐拥军、王景利）

在本次运动会上共有来自沈阳地区25所高校近500名运动员在男女各17个项目展开角逐。东北大学代表队男队员共获6个项目第一名、女队员共获8个项目的第一名；社会体育专业2011级王勇同学以57.96米的成绩打破57.76米的沈阳大学生标枪纪录。

6月29—30日　在沈阳大学举行的沈阳地区高校街舞和健美操比赛中，由高大鲲率领的街舞队和俞丽萍、李迪率领的健美操队均获得第一名。

7月1日　高大鲲被评为东北大学2011—2013年度"优秀共产党员"；孙玉宁被评为"优秀党务工作者"。

7月5日　北京体育大学运动训练专业硕士研究生孙哲毕业分配到体育部，担任小球教研室专任教师、二级助教。

7月12日　杜成林晋升为三级副教授、赵崇乐晋升为二级讲师、张迪晋升为三级讲师、李一良晋升为二级助教。

7月21日　孙哲率东北大学网球队去北京参加第十八届全国大学生网球锦标赛暨"全国高校校长杯"网球比赛。小组未出线。队员：回忆、李凤强、王守诚、关斌。

# 2014 年

1月7—8日　在沈阳城市学院，举行沈阳地区普通高校体育教职工羽毛球、乒乓球公开赛。体育部由陈家鸣、王景利、高明、曲辉、杜成林、曹盛民（羽毛球）；徐拥军、王晓东、孙哲、梁青、姜晓宏、李迪、杨譞（乒乓球）组成代表队参赛。乒乓球获得乙组团体第二名，羽毛球获得乙组团体第三名。

4月14日　东北师范大学体育学院硕士研究生毛羽鹏毕业分配报到上班，分在冰雪教研室，暂定助教。

4月4—20日　姜晓宏担任在成都举行的国际男子1.5K网球希望赛裁判。

5月16—23日　姜晓宏担任在天津举行的国际女子2.5K网球巡回赛裁判。

5月30日—6月1日　由体育部教师梁青副教授为教练员，以体育人文社会学专业研究生李雪、信息学院自动化1005班许超等4名同学组成的东北大学国标舞代表队，于5月30日—6月1日在江西宜春市体育馆参加了由中国大学生体育协会健美操艺术体操分会主办的、宜春市体育局承办的2014年中国大学生体育舞蹈锦标赛。经过多轮比赛，在端午节当天李雪、许超以标准优美的舞姿和赋有艺术感染力的表现获大学普通院校组华尔兹舞单项冠军。这是东北大学国标舞队近年来在全国大学生比赛中获得的最好成绩。

7月24日　梁青被评为东北大学2012—2014年度优秀教师。陈家鸣、杨海东被评为"三育人"先进个人。

10月19日　历时两天的第二届沈阳市大学生网球联赛在沈阳建筑大学圆满落幕。本次比赛共有11所高校参与，总人数达到百人之多，其中东北大学共有9人参加了男子单打与女子单打的全部比赛项目。经过激烈的角逐，东北大学共有3人晋级男子单打8强，最终东北大学体育部学生回忆与曹振兴两人战胜诸多强手成功会师决赛，包揽了本次比赛的冠亚军。

11月1—2日　东北大学啦啦操队获2014—2015年全国啦啦操联赛（沈阳站）比赛2项冠军。

11月1—2日　由国家体育总局体操运动管理中心、中国大学生体育协会、中国中学生体育协会主办；沈阳大学和全国啦啦操委员会承办的"2014—2015年全国啦啦操联赛（沈阳站）"的比赛在沈阳大学举行。东北大学啦啦操队获规定动作和自选动作比赛的冠军。此后东北大学啦啦操队将于2015年5月进军南京参加2014—2015年全国啦啦操联赛总决赛的比赛。2014年东北大学啦啦队在南京曾获得该项目总决赛的冠军和亚军。

12月21日　杨謤在沈阳东北亚滑雪场举行的第三届"8264"大众滑雪公开赛辽宁站获女子大回转和小回转第一名。

## 2015年

1月12日　在浑南校区滑冰场隆重举行了东北大学2015年冰上运动会。来自15个学院近200名同学参加了单项和团体共9个项目的比赛。

赛前，体育部冰水教研室的老师为同学们表演了花样滑冰、速度滑冰和冰球技术，受到全场同学的欢呼和赞扬。

经过激烈的角逐，获得团体总分前八名的单位：工商管理学院、中荷生物医学与信息工程学院、文法学院、信息科学与工程学院、理学院、材料与冶金学院、资源与土木工程学院、机械工程与自动化学院。这个成绩将计入东北大学第五十四届体育运动大会团体总分。

1月12日　体育部本科生寒假社会实践团6人赴辽宁本溪，6人赴河北保定进行招生宣传。

2月9日　社会体育专业本科1201班卢玉雪赴韩国庆星大学交流归来。

3月12日　在学校田径场和刘长春体育馆举行2015年体育特招生测试，其中田径74人（一级10人、二级64人）；篮球54人（一级14人、二级40人），录取工作随后展开。

3月26日　"想打CBA吗？想打总决赛吗？现在努力学习还不晚，在刚刚结束的CBA总决赛中，辽宁队杨鸣、李晓旭、郭艾伦、贺天举、刘志轩、廉明和北京队吉喆7人都是出品自东北大学。曾经在东北大学求学并打球又走进CBA赛场的就有14人。所以说，不管以后干什么，好好学习才是正路。"3月24日晚CCTV-5《体育世界》栏目在总结今年的CBA比赛时，对东北大学男子篮球队给予了高度的评价。

新华网也专程派记者来到东北大学对学校创造的"总决赛奇迹"进行了采访，文中写到：东北大学是中国大学生超级联赛2004年创办时的元老球队。得益于学校和辽宁省体育局的良好合作。当时辽宁青年队的部分队员通过合规的招生渠道进入东北大学，得到了在大超赛场锤炼的机会。尽管这还是嫁接式的体教结合，但东北大学的探索依然是中国体育人才培养模式的一种尝试。

4月26日　为庆祝东北大学建校92周年，同时为积极响应团中央"三走"活动号召，特在全校范围内开展"舞动东大"校园健身操舞大赛，丰富大学生的课余生活，提升身体素质，展现其蓬勃朝气。东北大学建龙钢铁2015年"出彩青春·筑梦中国"校园文化艺术节之"舞动东大"校园健身操舞大赛在综合楼北广场、浑南校区举行。体育部本科生和研究生32人；顾杰、俞丽萍参加本次比赛，并获得一等奖。

5月22日　2014级本科生赵博仁参加全国大学生力量举比赛，获全国第四名。

5月19日　体育部研究生获东北大学研究生院寝室文化节第一名。

5月21—22日　东北大学第五十四届体育运动大会在五四体育场隆重举行。奥运会冠军孙福明、丁美媛、刘亚男、唐宾，辽宁省体育局副局长刘征，辽宁省教育厅学生体育发展中心主任郝成江，校领导孙家学、赵继、熊晓梅、杨明、左良、芦延华、孙雷，校长助理徐峰，部分历任老领导，校机关各部处、各民主党派、社会团体的负责人，各学院相关负责人及教师、学生代表参加了开幕式。开幕式由副校长孙雷主持。

校长赵继致开幕辞。赵继在讲话中代表学校向本次运动会的召开表示热烈祝贺，向参加本次运动会的全体师生员工、运动员、裁判员以及大会工作人员致以诚挚的问候。赵继指出，东北大学是有着辉煌体育运动史的大学。秉承历史传统，重视体育教育，倡导全民健身，一直是学校常抓不懈的工作。学校已成立了多个体育代表队、体育社团和体育俱乐部，注重引导学生在体育运动中强健体魄，健康成长，全面发展。今年，学校还将进一步完善学校体育设施，为提升体育教育教学水平、增强学生体质、开展全民健身创造更好的环境与条件。赵继希望，全校师生员工以更加强健的体魄、振奋的精神、饱满的激情投身日常学习、工作与生活，为我校高水平研究型大学建设做出新的更大的贡献！

锣鼓声、呐喊声、喝彩声响彻云霄，观众、志愿者、裁判员、拉拉队绚丽的服装勾画出运动会的独有色彩。运动员们矫健的身影吸引了所有人的目光，他们在赛场上奋勇拼搏，尽显东大人的风采。

经过激烈角逐，秦皇岛分校、文法学院、工商管理学院、信息科学与工程学院、研究生院、机械工程与自动化学院、材料与冶金学院、中荷生物医学与信息工程学院获得学生女子团体总分前八名；秦皇岛分校、资源与土木工程学院、国防教育学院、机械工程与自动化学院、信息科学与工程学院、文法学院、材料与冶金学院、研究生院获得学生男子团体总分前八名；秦皇岛分校、工商管理学院、文法学院、信息科学与工程学院、研究生院、材料与冶金学院、国防教育学院、资源与土木工程学院获得学生团体总分前八名；信息科学与工程学院、后勤、校机关、科技产业集团、软件学院、直属部门、材料与冶金学院、江河建筑学院获得教工团体总分前八名。文法学院、外国语学院、艺术学院、工商管理学院、理学院、资源与土木工程学院、材料与冶金学院、机械工程与自动化学院、信息科学与工程学院、软件学院、中荷生物医学与信息工程学院、国防教育学院、生命科学与健康学院、江河建筑学院、马克思主义学院、继续教育学院、研究生院、国际交流学院、校机关、直属部门、后勤、科技产业集团等单位获得体育道德风尚奖。

运动会于22日中午闭幕。闭幕式上，党委副书记熊晓梅宣布了"体育道德风尚奖"评选结果。校领导为获奖集体和个人颁发了奖杯和奖牌。党委书记孙家学致闭幕辞。

孙家学指出，本届运动会是一届热烈、隆重、节俭的大会。全校师生员工的身体素质、精神面貌、意志品质都得到了全面的锻炼和检验。孙家学指出，希望广大师生员工将本届运动会所展现出的顽强拼搏、勇攀高峰的精神融入到今后的工作和学习中去；希望教职员工继续坚持勤勉务实的工作作风，不断凝练内涵，开拓创新，在东北大学建设发展事业中取得新的成绩；希望广大青年学生自觉践行社会主义核心价值观，"勤学、修德、明辨、笃实"，把个人梦想与国家梦想结合起来，为实现"中国梦"贡献青春和力量。

5月22日　为进一步推动"三走"系列活动的开展，促进校园足球运动的普及和推广，东北大学于5月22日至24日，在全校开展了首届"恒大冰泉杯"五人制足球联赛。本次活动由共青团中央学校部、全国学联秘书处联合恒大矿泉水集团共同发起。

6月6日　原校离退休处党委书记张凤都被任命为体育部党总支书记。

6月20日　1401班8人参加沈阳地区大学生运动会，赵博仁获得铅球第一名，邢蓉获得立定跳远第一名、跳远第三名，冯春雷获得立定跳远第二名，王正赫获得双摇跳绳第二名、单摇跳绳第四名。

6月21日　"恒大冰泉杯"首届全国大学生五人制足球挑战赛全国北区赛在河北工业大学北辰校区体育中心落下帷幕。经过两天激战，东北大学代表队从来自北京、天津、河北、黑龙江、吉林、辽宁的20支学校代表队中一路过关斩将，最终问鼎北区赛的片区冠军宝座。

7月7日　研究生毕业典礼授予2013硕士研究生体育人文社会学专业学位11人、体育教学专业5人。共计16人。一次就业率为94%。

7月8日　根据学校党委关于"三严三实"专题教育的工作安排，7月8日，体育部党总支书记张凤都为体育部教师与学生支部书记作"三严三实"专题党课报告。

张凤都分别从宏观与微观的角度，系统性地阐述了"三严三实"的核心内容。张凤都强调，作为中国共产党员，必须认真做好本份，时刻牢筑反腐倡廉的思想防线，克己奉公，廉洁自律，立足岗位，服务师生，永葆共产党人的纯洁公仆本色，坚定党的优良作风，才能保证工作效率。

专题党课后，体育部党总支运用微信群的形式对全体党员进行课后再教育，并落实日常党务活动；同时，体育部将"三严三实"的专题教育与社会主义核心价值观教育相结合，加强师德师风建设。

7月13日　根据学校整体工作安排2015年专业技术岗位聘任工作结束。孙玉宁、金刚、杨海东由讲师晋升为副教授三级；杜成林、王晓东由二级副教授晋升为一级副教授；厉中山、张楠楠、白莹由助教晋升为二级讲师。

7月19日　2011级毕业生7人继续深造，其中胡永欣赴新疆支教，孙嘉铭赴四川支教，靖宇芳保送东北师范大学，王惠强、白云霄、张成雨保送东北大学，翟林修考研东北大学，其余人全部就业，一次就业率高达100%。

7月19日　全国啦啦操联赛总决赛暨中国啦啦之星争霸赛总决赛于2015年7月19—21日在南京工业大学举行。共有来自全国百余所高校的啦啦操队、上千名运动员参加了本次大赛。

东北大学啦啦操队经过艰苦的训练，以团队拼搏为核心凝聚力及场上稳健的发挥，以近乎完美的表现以532分和554分的成绩，荣获大学组"技巧规定动作"以及大学组集体"技巧动作"的2项全国冠军。

7月22日　本科生9人赴沈阳市康平县社会实践团；10人赴鞍山岫岩西本营小学社会实践团。

7月24日　李雪宁从韩国庆星大学交流归来，洪佳明从韩国明知大学交流归来。

7月24日　陈松被任命为体育部主任。

8月11日　苗馨予从日本大阪国际大学交流归来。

9月12日　体育部2015级硕士研究生招生共计19人，体育人文社会学专业1人、体育学专业8人、体育教学专业10人。

9月12日　迎接2015级本科生新生，其中，男生19人、女生4人，特招运动员7人。

9月13日　在刘长春体育馆会议室举行2015级新生开学典礼。共有23名本科生、19名研究生和体育部领导、硕士研究生导师、社会体育专业课教师参加了会议。

9月14日　为促进中国大学生篮球运动的发展，提高学校篮球教练员的业务水平，由中国大学生体育协会主办，中国大学生体育协会篮球分会承办的2015FUSC——NBA校园篮球教练员培训班于2015年9月14—18日成功地在东北大学举办。本届培训班的讲师由美国职业篮球联赛（NBA）选派的高水平教练员组成，他们分别是执教过洛杉矶D—Fenders队的鲍伯麦金农和执教于多伦多猛龙队的比利贝诺

本次培训班参加学员由来自全国各地学校篮球教练员、教师组成，人数多达149人。

9月14日　下午，第一届亚洲大学生三对三篮球锦标赛在东北大学开幕。亚洲大学生体育联合会第一副主席奥马尔·阿尔哈伊，亚洲大学生体育联合会副秘书长、中国大学生体育协会副主席薛彦青，亚洲大学生体育联合会执委扎噶塞可汗，锦标赛组委会执行副主席、秘书长、东北大学副校长王建华，锦标赛技术代表袁慧山，锦标赛组委会副秘书长、辽宁省学生体育发展中心主任郝成江，锦标赛组委会副秘书长、东北大学体育部主任陈松出席开幕式。中国大学生体育协会、辽宁省学生体育发展中心及东北大学相关部门领导，各参赛代

表团成员参加开幕式。开幕式由锦标赛副秘书长、东北大学体育部党总支书记张凤都主持。

锦标赛在雄壮的中华人民共和国国歌中拉开帷幕。

王建华致欢迎词；奥马尔·阿尔哈伊致辞；东北大学体育部主任陈松表示，"在亚洲大学生体育联合会决定把首届比赛放在中国进行后，中国大学生体育协会经过综合考虑，把比赛放在了东北大学举行。辽宁是中国篮球的人才摇篮，作为辽宁校园篮球的代表，东北大学篮球队一直是大超联赛和CUBA联赛的劲旅，曾获得过非常好的成绩。三对三篮球赛对场地要求简单，是一项非常适合学生的运动，在东北大学非常受欢迎。现在越来越多的年轻人参与到三对三篮球中，而且这项运动今后很可能进入奥运会。能够承办亚洲最高水平的大学生三对三篮球赛，给来自亚洲各队的大学生们提供一个比赛交流的机会，东北大学觉得非常荣幸。"

薛彦青宣布第一届亚洲大学生三对三篮球锦标赛开幕。

亚洲大学生体育联合会会旗入场，开幕仪式上，奏响了亚洲大学生体育联合会会歌。

运动员代表胡一翰、裁判员代表陆强分别代表运动员、裁判员宣誓。

开幕仪式后，"篮球传递爱"文艺演出上演，演出分为《中国欢迎你》《亚洲一家亲》两个篇章，主要节目包括：鼓韵《欢迎》、街舞《炫动青春》、武术《中华魂》、独唱《My Heart Will Go On》、舞蹈《茉莉花》、美声重唱《阳光路上》等。

9月17日　第一届亚洲大学生三对三篮球锦标赛在东北大学落下帷幕。本次比赛共有来自中国、伊朗、蒙古、菲律宾等国家和地区的17支大学生代表队参赛。经过为期四天的激烈角逐，东北大学获得本次大赛的男子组冠军。

在闭幕式上，亚洲大学生体育联合会执委扎噶塞可汗为获得冠军的东北大学队颁奖。蒙古队、伊朗队分别获得男子组亚军和季军；天津财经大学队、北京师范大学队和泰国队分别获得本次大赛的女子组冠军、亚军和季军。

9月22日—10月23日　刘和臣副教授应白俄罗斯国立技术大学孔子学院邀请，代表东北大学公派出国讲学。期间，主要传授中国武术、太极拳及传统武术文化。并参与策划该学院成立一周年庆典活动。

9月26日　梁闯、顾留亚光荣入伍（西安）。

9月30日　为加强体育部研究生教学管理，进一步提高研究生培养质量，经体育部领导班子扩大会议研究，决定成立研究生教研室，主要负责研究生日常教学、管理及师生的相关学术活动。

10月14日 为响应《教育部关于成立全国青少年校园足球工作领导小组的通知》，体育部本科学生在沈阳市四十四中学开展第二次"实践大手牵小手，落实足球进校园"活动。

本次活动6名学生志愿者教导中学生颠球、内脚背传球等足球基本技巧，受到学生们喜爱以及校方极力赞赏。

据悉，体育部将与沈阳四十四中学长期合作，并计划在今明两年继续前往沈阳市多所中小学，持续开展"中小学足球宣传及培养教育"活动，且将与其中部分学校达成长期合作关系，实现足球从娃娃抓起的梦想。

10月30日 2012级保送研究生三人（徐杰北京师范大学、卢玉雪山东大学、李雪宁东北师范大学）。

10月31日 硕士研究生张寒飞同学被评为研究生国家奖学金。

10月31日 在首都体育学院举行的全国大学生"三走""挑战赛"观摩交流及首都高等学校第五届拓展运动会上，东北大学代表队同心协力，艰苦努力，奋力拼搏。社会体育专业学生冯春雷、赵晗华获男女混合"勇攀天梯"第一名；社会体育专业学生邢蓉获"女子攀绳"第一名；社会体育专业学生史钰琪获女子"智勇闯关"第二名。

参加本次挑战赛的共有北京及各地40余支队伍共同挑战、共同拓展。

拓展运动是深受大学生喜欢的个人挑战与团队竞赛相结合的体验活动，也是近年来发展最快的新兴校园运动项目。本次举行的项目有：勇攀天梯、智勇闯关、攀绳、旗语、有轨电车、毛毛虫、同心鼓、旋风跑、搭书架、团队五项、团队营救、保密项目。拓展运动可以促进大学生身体、心理和社会适应能力的全面发展。

11月4日 为提升青年教师的专业素质和教育教学水平，推动青年教师成长成才，进一步促进体育部教师队伍整体素质的提升，11月4日上午，体育部在科学馆402室举行"青年教师成长成才计划"启动仪式暨开班典礼。体育部领导班子、教研室主任以及24名青年教师参加了本次活动。校工会主席张国联、副主席孙东来到会并做了讲话。

体育部"青年教师成长成才计划"是按照高等教育教学改革和发展总体要求和校工会提倡的"四个一"相关精神，并结合体育部青年教师的实际而设计的一套系统的活动方案。其主要围绕思想水平、道德修养、学科素质、工作技能、科研能力、实践与创新能力等诸方面，开展业务培训、工作交流及师德师风教育等活动，旨在建设一支素质高、师德好、业务精，富有活力和创新精神的青年教师队伍。

开班仪式上，体育部主任陈松对体育部青年教师在道德修养、学科素质、工作技能、科研能力、创新能力等方面的现状和未来发展要求作了详细的解读。体育部党总支书记张凤都从个人综合能力提高和提升人文素质角度全面阐述了本次活动的重要意义。校工会主席张国联对体育部本次活动的举办给予肯定，并预祝本次培训班取得丰硕成果。

开班仪式后，文法学院院长孙萍作了"越位思考定位工作——工作能力提升"的专题报告。

# 2016年

9月　体育部经选举产生的参加东北大学第八届教职工代表大会和工会代表大会的代表名单：张凤都、陈松、阎玉河、王景利、杨海东、杨春卉、曹盛民、吴迪。

12月7日　体育部第二次党员全体大会选举产生的党总支委员名单：回军、阎玉河、张凤都、陈松、诸善顺、贺天麟、俞丽萍。

12月10—15日　东北大学男子篮球队历经6场比赛，最终以全胜战绩获得第19届CUBA中国大学生篮球联赛（辽宁赛区）总决赛冠军。

12月12日　体育部选举产生参加学校党代会党员代表：回军、阎玉河、张凤都、陈松、诸善顺、胡永欣。

12月15—16日　第三届全国大学生滑雪挑战赛东北赛区的比赛在吉林万科松花湖滑雪场拉开帷幕。东北大学的逯馨获高山女子大回转东北赛区冠军，实现了三连冠，李琳获得第七名。在单板项目高山大回转比赛中东北大学的杨贺获得男子组第三名，刘宇迪、史钰琪分别获得女子组第三名和第五名。逯馨同学获得最佳运动员奖，逯明智获得最佳优秀教练员奖。东北大学代表队获得团体总分第三名。

12月26日　体育部"体育颂·青春情"2017年新年联欢晚会在南湖校区大学生活动中心多功能厅举办。副校长孙雷，校党委宣传部部长丁义浩，后勤服务中心主任杨定鹏，场馆中心主任王永臣、副主任阎玉河，学生指导服务中心副主任马静涛，校团委副书记黄达及体育部领导班子、离退休老教师、现任教师代表出席本次晚会。

## 2017 年

1月12日　更正体育部选举产生参加学校党代会党员代表：回军、阎玉河、张凤都、陈松、诸善顺、胡永欣。

1月29日—2月8日　第二十八届世界大学生冬季运动会在哈萨克斯坦阿拉木图举行，东北大学逯馨作为中国高山滑雪代表队队员参加高山滑雪女子大回转项目，陈松任中国大学生高山滑雪队领队，逯明智任高山滑雪队主教练。

2月13—14日　第三届全国大学生滑雪挑战赛总决赛在河北万龙滑雪场举行。本次比赛东北大学的逯馨获高山女子大回转第三名，东北大学代表队获精神文明代表队称号。

2月15—16日　辽宁省首届高山滑雪锦标赛在辽阳弓长岭温泉滑雪场举行，在本次比赛中东北大学杨譞获高山女子大回转冠军，逯馨、顾迎、李琳分获第三名、第四名和第七名。在单板项目高山大回转的比赛中东北大学的杨譞获得女子组第一名、刘宇迪获第四名，杨贺获单板项目高山大回转比赛男子组第二名。厉中山获得最佳优秀教练员奖，东北大学代表队获得团体总分第二名。

2月17—24日　陈松担任亚洲冬运会短道速度滑冰裁判。

4月20—27日　东北大学男子篮球队历经7场比赛，最终获得第十九届CUBA中国大学生篮球联赛东北赛区第六名，成功挺进全国总决赛。

4月26日　体育部分工会召开第二届教职工大会第二次会议，校工会副主席孙东来应邀出席，会议审议通过了《体育部关于专业技术岗位聘任工作的暂行管理规定（草案）》和《体育部关于体育竞赛级别界定的说明（草案）》。

5月27日　东北大学第五十六届体育运动大会在五四体育场隆重举行。校领导熊晓梅、赵继、孙正林、杨明、张国臣、芦延华、孙雷、王建华，校长助理徐峰，部分历任老领导，校机关各部处、各民主党派、社会团体的负责人，各学院相关负责人及教师、学生代表参加了开幕式。

在本届体育运动大会上，1000余名教职工和学生运动员参加了68个项目的比赛。经过激烈角逐，秦皇岛分校、文法学院、工商管理学院、冶金学院、江河建筑学院、材料科学与工程学院、研究生院、信息科学与工程学院获得学生女子团体总分前八名；秦皇岛分校、冶金学院、国防教育学院、资源与土木工程学院、计算机科学与工程学院、机械工程与自动化学院、信息科学与工程学院、工商管理学院获得学生男子团体总分前八名；秦皇岛分校、冶金学院、计算机科学与工程学院、工商管理学院、文法学院、信息科学与工程学院、资源与土木工程学院、研究生院获得学生团体总分前八名；信息科学与工程学院、校机关、直属部门、材料科学与工程学院、江河建筑学院、后勤、冶金学院、软件学院获得教工团体前八名。软件学院、研究生院、马克思主义学院、机械工程与自动化学院、中荷生物医学与信息工程学院、文法学院、冶金学院、工商管理学院、计算机科学与工程学院、外国语学院、理学院、直属部门、国防教育学院、后勤、校机关、继续教育学院、材料科学与工程学院、江河建筑学院、资源与土木工程学院、信息科学与工程学院、艺术学院、生命科学与健康学院、科技产业集团等单位获得体育道德风尚奖。

## 2018 年

4月6日　2018中国大学生健身健美锦标赛暨亚洲健身健美锦标赛青年组选拔赛在北京体育大学举行。由体育部丁强、贾长军，理学院李鸿杰，国防教育学院李志鹏组成的参赛队斩获佳绩。四名队员分别参加了古典健美、健身先生、健体、传统健美四个单项赛的角逐，体育部丁强获古典健美175cm以下级第五名，贾长军顺利闯进健身先生组半决赛。

4月22—29日　第二十届CUBA中国大学生篮球联赛东北赛区的比赛在辽宁大学开赛。东北大学男子篮球队分别战胜沈阳体育学院、哈尔滨师范大学、哈尔滨工业大学、首都经济贸易大学、北京体育大学，遗憾负于山东农业大学和北京大学，获东北赛区第五名，晋级CUBA全国二十四强总决赛。

4月29日　2018国际垂直登高大奖赛在沈阳茂业中心举行。由体育部学生边明亮、史钰琪、孙涛、李明宇、刘志雨组成的代表队以1小时6分32秒的成绩获得银奖。

6月1—3日　2017—2018年全国啦啦操联赛暨中国啦啦之星争霸赛（沈阳站）的比赛在沈阳大学开赛，由东北大学体育部主任陈松担任领队、体育部教师俞丽萍担任主教练及22名学生组成的"东北大学炫我青春啦啦队"获得2金1银的优异成绩。

6月22—24日　第七届全国全民健身操舞大赛辽宁赛区的比赛在沈阳航空航天大学举行，由体育部教师杨波指导的东北大学代表队获得有氧健身操（舞）轻器械规定动作二级操特等奖、四级操特等奖、六级操特等奖的优异成绩，代表队获最佳团体奖，杨波老师获优秀教练员和优秀裁判员称号。

6月24日　辽宁省第十三届运动会大学生游泳锦标赛在沈阳体育学院游泳

馆开赛。由体育部主任陈松领队，体育部教师陈泓冰、季朝新担任教练的东北大学游泳队参加比赛。经过激烈角逐，章尔寅获男子甲组100米自由泳第一名、男子甲组50米自由泳第四名，李晨希获女子甲组50米自由泳第五名、女子甲组100米蛙泳第六名，章尔寅、迟泽林、王子宁、邓何奕获男子甲组4×50米蛙泳接力第四名。

6月29日 国际滑联公布了2018—2019赛季速度滑冰和短道速滑项目裁判员及发令员名单，体育部主任陈松教授再次当选速度滑冰项目国际级（ISU）发令员（全国仅3人）。

7月30日—8月2日 2018年中国大学生武术套路锦标赛在湖南工学院体育馆举行。由体育部教师刘和臣、王晓梅担任教练的东北大学武术队首次参加此项赛事。经过激烈角逐，文法学院陈黎青竹获女子42式竞赛太极拳第二名、女子42式竞赛太极剑第二名、女子陈氏太极拳第四名；体育部崔美泽获女子吴式太极拳第六名；生命科学与健康学院鲍曼宁获女子少林拳第七名。

10月8日 体育部教师王兴华获选国家留学基金委（CSC）青年骨干教师项目，公派赴美国佐治亚大学进行为期一年的访问学者工作。

12月3—6日 2018年全国啦啦操冠军赛在深圳市龙岗区体育中心开赛，由体育部主任陈松担任领队，体育部教师翁丽萍、王晓东担任主教练及17名学生组成的东北大学代表队获得1金1银的优异成绩。

## 2019年

3月28日 东北大学客座教授李永波聘任仪式在刘长春体育馆会议室举行，东北大学党委常委、副校长孙雷向李永波颁发聘书。孙雷表示，东北大学聘任李永波为客座教授对东北大学和东北大学体育事业有着重要意义，李永波教授是优秀的运动员和教练员，为中国羽毛球事业作出了杰出贡献；东北大学体育有着辉煌的历史和优良的传统，重视体育教育和倡导全民健身一直是学校坚持不懈的工作，相信聘任李永波为我校客座教授将为学校羽毛球事业发展和高水平运动队建设带来新的更优异的成绩。李永波表示，回到家乡的高等学校担任客座教授感到无比光荣和荣幸，羽毛球已成为"城市第一运动"，今后将与东北大学师生共同推广羽毛球运动，用自身的经验经历为羽毛球运动队做好指导，为东北大学体育事业发展作出贡献。

5月31日—6月2日 2018—2019年全国啦啦操联赛（沈阳站）比赛在沈阳大学开赛。由体育部主任陈松担任领队，体育部教师翁丽萍、王晓东担任主教练的东北大学"炫我啦啦队"和"超越啦啦队"获3项冠军。

5月26日　2019年沈阳地区高校乒乓球比赛在中国医科大学开赛。由体育部主任陈松担任领队，体育部教师曹盛民、刘力瑜担任教练的东北大学代表队获女子团体第五名、男子团体第六名，殷菲获女子单打第一名，邓力获男子单打第八名。

6月8—9日　2019年沈阳地区高校大学生武术套路锦标赛在辽宁中医药大学开赛。由体育部教师刘和臣、王晓梅担任教练的东北大学武术代表队表现优异，获集体项目团体第一名、团体总分第二名；在个人传统拳术类、传统器械类比赛项目中获5项第一名，5项第二名，4项第三名；在传统保健项目、集体类比赛项目中获2项第一名，2项第二名，1项第三名。

6月21—23日　2019年辽宁省大学生游泳锦标赛暨辽宁省参加2020年全国学生运动会游泳项目选拔赛在沈阳体育学院游泳馆开赛。由体育部教师陈泓冰、季朝新担任教练的东北大学游泳队参加比赛。经过激烈角逐，马倩茹获女子丙组50米蝶泳第一名、50米蛙泳第一名；章尔寅获男子甲组50米仰泳第二名、50米自由泳第四名；孙鼎获男子丙组200米蛙泳第四名、50米蝶泳第七名；姚卜源获男子甲组50米自由泳第五名、50米仰泳第五名。

6月25—30日　在沈阳体育学院举办的2019年辽宁省大学生排球锦标赛中，由体育部教师韩冰、王一鸣担任教练的东北大学排球队在经过两个月的刻苦训练后在比赛上取得佳绩，女子排球队获高水平组第三名。

7月12日　2019年全国健美锦标赛暨世界健美锦标赛选拔赛在天津体育中心开赛，体育部2017级硕士研究生丁强获男子传统健美75公斤级第五名。

7月10—12日　2019年全国传统武术比赛在辽宁省辽阳市举行。本次比赛共有来自全国各地155支代表队、1200余名运动员参赛。经过激烈角逐，东北大学武术代表队获男子C组翻子拳第一名、男子BCDE组九节鞭第二名。

7月13—14日　2019年第八届全国全民健身操舞大赛辽宁赛区的比赛在沈阳航空航天大学开赛。由体育部教师杨波、曲辉担任教练及来自东北大学文法学院、工商管理学院、计算机科学与工程学院、江河建筑学院、马克思主义学院、软件学院、生命科学与健康学院和医学与生物信息工程学院的27名运动员组成的东北大学健美操代表队收获2项冠军和1项亚军。

7月18—23日　2019年中国大学生武术套路锦标赛在华中科技大学举行。由体育部教师刘和臣、王晓梅担任教练的东北大学武术代表队在激烈的比赛中脱颖而出，最终取得3枚金牌、1枚银牌的优异成绩。

9月20—23日　2019年东北地区部分高校体育协作委员会年会暨教师骑划跳比赛在哈尔滨工业大学开赛。由体育部教师陈家鸣、梁青、杜成林、回军、杨譞、厉中山、刘达天、贺天麟等8人组成的东北大学代表队发挥出色，荣获团体一等奖。杨譞、梁青获女子个人打榜赛第二名、第三名；贺天麟、回军获男子个人打榜赛第六名、第八名。

10月26日　第九届辽宁省普通高等学校乒乓球比赛暨2020年全国大学生运动会乒乓球选拔赛在渤海船舶职业学院体育馆举行，东北大学乒乓球队员殷菲获女子丙组第四名。

11月18—20日　由全国高等学校体育教学指导委员会主办的首届全国高校体育教师校园足球教学与指导技能大赛在南京大学举行。体育部教师金刚代表辽宁省教育厅参赛，经过教学（指导）设计、教学（指导）实践、体能与专项技能等网络评审和现场测试环节比拼，凭借优异表现获得"课程教学组"二等奖。

12月25—26日　第二届全国大学生体育产业创新创业大赛远程会议评审在天津体育学院举行。由体育部主任陈松、教师毛羽鹏担任指导教师，办公室主任贺天麟担任领队的体育部研究生代表队获得东北赛区研究生创意设计组二等奖1项、三等奖1项。

12月27日　第二十二届CUBA中国大学生篮球联赛辽宁赛区总决赛第二场在东北财经大学体育馆开赛。由体育部教师杜成林、马增玉指导的东北大学男子篮球队客场经过加时赛以65比63战胜东北财经大学队，获得辽宁赛区冠军。

## 2020年

6月18日　根据《教育部办公厅关于遴选首届全国高校健康教育教学指导委员会专家人选的通知》（教体艺厅函〔2019〕25号）要求，经高校和省级教育部门推荐、专家审核，共遴选出首届全国高校健康教育教学指导委员会专家78名，体育部陈松教授入选此次专家委员名单。

10月24日　沈阳市首届高校橄榄球邀请赛在沈阳城市学院隆重举办。由体育部主任陈松担任领队、体育部教师任可担任教练及社会体育指导与管理专业13名运动员组成的东北大学英式橄榄球队斩获男子甲组冠军。

12月22日　由中国大学生体育协会主办的第七届中国大学生滑雪挑战赛暨第三十届世界大学生冬季运动会高山滑雪、单板滑雪项目选拔赛在吉林松花湖滑雪场落幕，共有来自全国20所高校的近200名运动员参赛。东北大学体育部两名学生荣获2个单项冠军。

## 2021年

3月4日　第七届中国大学生滑雪挑战赛（总决赛）暨第三十届世界大学生冬季运动会高山滑雪、单板滑雪项目选拔赛于3月4日在吉林松花湖滑雪场圆满结束。本次比赛共有31所院校的213名运动员参赛，东北大学体育部学生苏东阁获阳光组男子高山大回转第三名、贾颖获阳光组女子单板平行大回转第三名，东北大学滑雪队获高山滑雪团体第五名和单板滑雪团体第五名的良好成绩。同时苏东阁、贾颖两名同学成功入选第三十届世界大学生（冬季）运动会预备集训队，并有机会于今年12月代表国家去瑞士参赛。

6月8—11日　第二十五届中国大学生网球锦标赛分区赛（东北赛区）在佳木斯大学举行。东北大学选派了男子甲组、丙组和女子甲组共10名运动员参赛，其中，女队获得女子甲组第五名的优异成绩。全队获得第二十五届中国大学生网球锦标赛总决赛女子单项赛和男子单项赛的参赛资格。

12月22日　由国家体育总局航管中心、中国滑雪协会、中国无线电和定向运动协会、吉林省体育局主办的"欢乐冰雪·健康中国"2021—2022全国滑雪定向挑战赛在吉林磐石莲花山滑雪场落幕。在滑雪定向越野赛中，体育部2020级研究生为东北大学摘得4个名次，贾颖、闫姝伊获女子组第二名、第四名；苏东阁、范再青获男子组第四名、第六名。在雪地徒步定向越野赛中，体育部教师发挥出色，贺天麟、王儒轩分别获徒步定向越野男子第四名、女子第七名。

## 2022年

2—4月　在2022年北京冬奥会和冬残奥会的比赛中，共有11名东北大学体育部教师担任了冬奥会的技术官员工作，其中陈松主任担任了速度滑冰项目的国际技术官员（ITO），杨海东、赵崇乐、关荣鑫、毛羽鹏、杨譞、刘力瑜、王兴华、张博文、季朝新、王儒轩担任了雪橇项目、坡面障碍技巧项目、速度滑冰项目、跳台滑雪和北欧两项项目、U型场地技巧项目、越野滑雪项目、障碍追逐项目的国内技术官员（NTO）的工作。